AF359064

LES
VACHES LANDAISES

REVUE DE L'ANNÉE 1857

EN TROIS ACTES ET PLUSIEURS TABLEAUX

PAR

MM. DELACOUR ET LAMBERT THIBOUST

—

Représentée pour la première fois, à Paris, sur le théâtre du Palais-Royal,
le 12 Décembre 1857.

PARIS

MICHEL LÉVY FRÈRES, LIBRAIRES-ÉDITEURS

RUE VIVIENNE, 2 BIS

—

1858

DISTRIBUTION DE LA PIÈCE :

—

BELORME
JOCONDE   } MM. GRASSOT.

BELORMEAU . . .   HYACINTHE.

CHAPOULOT. . . .
LE JOUEUR D'ORGUE }   PÉRÈS.

UN COCHER . . .
Misstress SHEPPARD. }   LUGUET.

BAMBOULA. . . .
Ninita ANGUILLETTE
BOSWELL . . . . }   BRASSEUR.

1er MÉDECIN. . . .
UN RÉGISSEUR . . }   KALEKAIRE.

PIERROT . . . .
PIQUOISEAU . . .
UN LANCIER . . . }   POIRIER.

2me MÉDECIN.. . .
CAMUSOT . . . .
UN LANCIER . . . }   BRIANT.

WHEAL, ...   OCTAVE.

1er GARÇON . . .
UN LANCIER . . . }   LACROIX.

UN LANCIER . . .   DUCHESNE.
UN AGENT. . . .   FLORIDOR.

UNE VOIX DANS LA
    SALLE . . . ,
2me GARÇON. . . . }   PAUL.

BONIVET . . . .
1er ÉCUYER.. . . }   HÉNIQUE.

2me ÉCUYER . . .
UN MARMITON . . }   MICHON.

UN COCHER . . .
UN ÉPICIER . . . }   LEMEUNIER.

UN APOTHICAIRE .
UN FACTEUR. . . }   M. RÉMY.

LA COMÈTE . . .   Mmes OCTAVE.

LE TAMB.-MAJOR.
MARGOT . . . .
LA FRISKA . . . }   CICO.

BLAGADA. . . .
JACK SHEPPARD .
LA FRISKA. . . }   ALINE DUVAL

COCOTTE. . . .   DAUDOIRD.

MADAME BOVARY.   ANTONIA.

LA FÉE DES CHAMPS-
    ÉLYSÉES . . .
3me TORÉADOR. . .
UNE POLONAISE }   IRMA.

LA FÉE DU BOIS DE
    BOULOGNE . .
4me TORÉADOR .
UNE POLONAISE. }   E. FOURNIER.

LA FÉE DES BOU-
    LEVARDS. . .
2me TORÉADOR. .
UNE POLONAISE. }   ALICE.

1er TORÉADOR . .
UNE POLONAISE. }   MELCY.

LA PALOTE . . .   THAÏS.

ROSE BERNARD .
PAQUERETTE.. . }   ADRIENNE.

UN OFFICIER . .   ANNETTE.

LA FILLE DU DIA-
    BLE. . . . }   HÉLÈNE.

UN POSTILLON. .   VIRGINIE.

Paris : Imprimerie Morris et Comp., rue Amelot, 64.

LES VACHES LANDAISES

ACTE PREMIER

Le théâtre représente les Champs-Élysées avec les arbres malades et emmaillottés. —Au lever du rideau, il fait petit jour ; la scène est vide. — La musique continue et les fées entrent.

SCÈNE PREMIÈRE.

LES FÉES.

LA FÉE DES BOULEVARDS, LA FÉE DU BOIS DE BOULOGNE, LA FÉE DES CHAMPS-ÉLYSÉES.

ENSEMBLE.

Air de Giselle.

Notre sœur
Nous appelle ;
Accourons auprès d'elle ;
Notre amitié fidèle
Prévoit quelque malheur.

LA FÉE DES CHAMPS-ÉLYSÉES, *entrant à droite.*

Merci, merci ; votre présence
Me ranime... En ces tristes jours,
J'ai besoin de votre assistance ;
Venez à mon secours.

LA FÉE DES CHAMPS-ÉLYSÉES.

Ah ! mes sœurs, je suis bien malheureuse !... voyez mes arbres !

(*Reprise de l'air.*)

O ciel !
Est-ce croyable ?

Quel état lamentable !
Mais qui donc les accable
En ce moment cruel ?

LA FÉE DES BOULEVARDS.

Ces pauvres arbres des Champs-Élysées... quelle mauvaise mine ils ont !

LA FÉE DU BOIS DE BOULOGNE.

Eux qui faisaient l'admiration des promeneurs !

LA FÉE DES BOULEVARDS.

Que leur est-il arrivé ?

LA FÉE DES CHAMPS-ÉLYSÉES.

Je n'en sais rien... Depuis six mois ils languissent... ils dépérissent... ils se rabougrissent...

LA FÉE DU BOIS DE BOULOGNE.

Ah ! mon Dieu ! si les miens, les arbres du bois de Boulogne, allaient attraper leur maladie !

LA FÉE DES BOULEVARDS.

Si les arbres des boulevards allaient être malades aussi ?

LA FÉE DES CHAMPS-ÉLYSÉES.

C'est pour cela que je vous ai convoquées toutes... vous, les fées de Paris... Il faut que vous me veniez en aide.

LES FÉES.

Mais certainement.

ENSEMBLE.

Air de Clapisson.

Nous devons sauver à tout prix
Les arbres des Champs-Élysées.
Que leurs douleurs soient apaisées.
Sans eux, que deviendrait Paris !
Mes sœurs, nous devons, à tout prix,
Sauver les arbres de Paris.

LA FÉE DES CHAMPS-ÉLYSÉES.

De Paris nous sommes les fées !
Depuis cinq ans, que de trophées !
Que de palais, de monuments
Bâtis par nos enchantements !

LA FÉE DES BOULEVARDS.

Tout se fait par sorcellerie.

ACTE I.

LA FÉE DU BOIS DE BOULOGNE.

C'est le siécle de la féerie !

LA FÉE DES CHAMPS-ÉLYSÉES.

Mais les arbres, assurément,
Sont notre plus bel ornement.

¡LA FÉE DES BOULEVARDS.

Qui peut avoir brûlé ceux-ci ?

LA FÉE DES CHAMPS-ÉLYSÉES.

Scrait-ce la cométe qui,
En filant, les a rôtis pour
Se venger de son petit four ?

(Reprise ensemble.)

Nous devons sauver..., etc.

LA FÉE DES BOULEVARDS.

Mais que faire ?

LA FÉE DES CHAMPS—ÉLYSÉES.

Ah! voici les médecins ! (Entrent deux médecins, vêtus à la façon des
médecins de Molière, et suivis de deux apothicaires.)

SCÈNE II.

LES MÊMES, DEUX MÉDECINS ET DEUX APOTHICAIRES.

MÉDECINS ET APOTHICAIRES.

Chœur.

Quel désespoir !
Ah! quelle grippe
Les agrippe !
Quel désespoir !
Les arbres vont mourir ce soir.

LA FÉE DES CHAMPS-ÉLYSÉES.

Eh bien! docteurs?

PREMIER MÉDECIN.

Ils ont passé une fichue nuit... un frisson continuel.

DEUXIÈME MÉDECIN.

Le fait est que leur feuillage a été très-agité.

LA FÉE DU BOIS DE BOULOGNE.

Mais vous les sauverez?

PREMIER MÉDECIN.

Ils sont bien malades!

LA FÉE DES CHAMPS-ÉLYSÉES.

Ils respirent encore, cependant...

PREMIER MÉDECIN.

Ils exhalent parfois un léger murmure...

DEUXIÈME MÉDECIN.

Ils semblent se plaindre!

DELORMEAU, dans la coulisse, à droite.

Nom d'un nom! que je m'embête!

TOUTES LES FÉES, écoutant.

Hein?...

DEUXIÈME MÉDECIN.

Les entendez-vous?

BELORME, dans la coulisse de gauche.

Gnouff!... gnouff!... gnouff!...

LA FÉE DES CHAMPS-ÉLYSÉES.

Oh! mon Dieu!

PREMIER MÉDECIN.

C'est une crise! Je vais les calmer... Monsieur Purgon, vous
avez votre petit nécessaire de voyage?

UN APOTHICAIRE, portant une petite boîte sous le bras.

Présent!

PREMIER MÉDECIN.

Venez, messieurs... venez!

LES FÉES.

Oh! oui... allez bien vite!

LES MÉDECINS.

AIR.

Courons, sans plus attendre,
Courons à leur secours,
Et tâchons de leur rendre
L'éclat de leurs beaux jours.

LES FÉES.

Courez, sans plus attendre,
Courez à leur secours,

Et tâchez de leur rendre
L'éclat de leurs beaux jours!
(*Les médecins et apothicaires sortent.*)

SCÈNE III.

LES FÉES, PUIS BELORMEAU.

LA FÉE DES BOULEVARDS.

Ces pauvres arbres!... comme ils souffrent!

LA FÉE DES CHAMPS-ÉLYSÉES.

Que peuvent-ils donc avoir?

LA FÉE DU BOIS DE BOULOGNE, poussant un cri.

Ah!...

TOUTES.

Quoi donc?

LA FÉE DU BOIS DE BOULOGNE.

Pour savoir ce qu'ils ont... il faut le leur demander.

TOUTES.

Eh bien?

LA FÉE DU BOIS DE BOULOGNE.

Animons-les!

TOUTES.

C'est juste! (Elles étendent leurs baguettes. — Musique.)

LA FÉE DES CHAMPS-ÉLYSÉES.

Ah! voyez donc ce grand, là-bas... il remue ses racines...

LA FÉE DES BOULEVARDS.

Il secoue ses petites branches.

LA FÉE DU BOIS DE BOULOGNE.

Il gigotte!

LA FÉE DES CHAMPS-ÉLYSÉES.

Il vient à nous!

TOUTES.

Quelle bonne idée!

ENSEMBLE.

AIR.

Le voici ! (*bis.*)
Sa cime

S'anime ;
Le voici !
Regardez... il vient ici.

(*Entre Belormeau, emmaillotté comme les autres arbres qui sont en scène. Ses pieds simulent des racines ; ses mains sont garnies de feuilles ; sa tête est surmontée d'un branchage gigantesque ; son visage est couvert d'une pâleur intéressante.*)

BELORMEAU.

Air de Richard Cœur-de-lion.

Une fièvre brûlante
Se glisse en mes rameaux.
Qui calmera les maux
De ma cime tremblante ?
Si je pouvais filer d'ici,
Je m'écrirais : Plus de souci !

ENSEMBLE.

Une fièvre brûlante
Se glisse en mes rameaux ;
De ma cime tremblante
Qui calmera les maux ?

LES FÉES.

Une fièvre brûlante
Se glisse en ses rameaux ;
De sa cime tremblante
Qui calmera les maux ?

BELORMEAU.

Ça ne va pas !... haou ! haou ! (il tire la langue.) Quel dégommage, mes enfants ! quel dégommage ! je claque ! tout simplement... v'là mon affaire, à moi...

LA FÉE DES CHAMPS-ÉLYSÉES.

Mais pourquoi ?

BELORMEAU, les regardant.

Oh ! des femmes !... ce sont des femmes !...

LA FÉE DES CHAMPS-ÉLYSÉES, à qui Belormeau prend la taille.

Voulez-vous bien finir !...

BELORMEAU.

Oh ! oh ! cachez vos épaules... couvrez ces seins que je ne saurais voir...

LES FÉES, étonnées.

Hein?...

BELORMEAU.

Voilà pourquoi je languis... Je suis un jeune arbre, moi... j'ai les passions vives, moi... Eh bien! je vois passer tous les jours, dans les Champs-Élysées, entre trois et six heures, des petits êtres aux cheveux ondulés, avec des robes aux reflets soyeux... ça me donne des idées bêtes et ça me bouleverse jusque dans mes racines.

TOUTES LES FÉES, riant.

Ah! ah! ah! qu'il est drôle!

BELORMEAU.

AIR.

Ne croyez pas, quand vous voyez un arbre,
Qu'au sentiment il reste longtemps sourd ;
Ne croyez pas que son cœur soit de marbre,
Que ses rameaux soient fermés à l'amour.
Tout comme vous, dans la saison des roses,
Du dieu malin nous rêvons les douceurs.
En vérité, l'on saurait bien des choses,
Si le printemps faisait parler les fleurs !
MonDieu! mon Dieu! qu'on saurait donc de choses, etc.

TOUTES.

Vraiment!...

BELORMEAU.

Il y a entre autres une nommée *Souris*... elle a un chic épatant... Hier encore, elle a donné rendez-vous, sous mon feuillage, à un petit monsieur, sur le coup de huit heures et demie du soir... Ils sont venus, les galopins... et... ça me bouleverse! Vous êtes des fées... on peut vous dire ça... les fées étant ordinairement des pas grand' chose !

TOUTES.

Plaît-il?

LA FÉE DES CHAMPS-ÉLYSÉES.

Insolent!

BELORMEAU.

Ne vous fâchez pas, chère amie! (il l'embrasse.)

LA FÉE DES CHAMPS-ÉLYSÉES.

Mais finissez... polisson !

BELORMEAU, à part.

Je rêve, j'ai du vague à l'âme,
J'aurai dix-huit ans, vienne l'août;
Je demande un baiser de femme
Comme un pauvre demande un sou.

BELORME, en dehors.

Ah çà! voulez-vous me laisser tranquille?

BELORMEAU.

La voix de mon père! Dieu! comme il est enrhumé!

SCÈNE IV.

Les Mêmes; BELORME, costumé comme Belormeau. — Il entre en se
débattant au milieu des apothicaires.)

BELORME.

Sapristi! voulez-vous me lâcher... En v'là des imbécilles!... il
veulent me donner...

TOUTES.

Quoi donc?

BELORME.

C'est un mystère.

PREMIER MÉDECIN.

Un jet d'inspiration!

BELORME.

Je ne veux pas que ce jet continue... Comment! moi, Belorme 1er, le roi des arbres des Champs-Élysées, je me laisserais...
Allons donc! allons donc!

PREMIER MÉDECIN.

Mais enfin, vous souffrez...

BELORME.

Certainement!... j'ai trop de gaz...

TOUTES.

Comment?

BELORME.

J'ai trop de gaz, que je vous dis... Je suis placé près d'un café-
concert... un endroit où l'on beugle tous les jours pendant cinq
heures... J'ai pour voisin de gauche une lanterne... son bec tou-
che le mien... nous sommes bec à bec... Et crac!... v'la son gaz
qui tous les soirs me part dans le nez...

BELORMEAU.

C'est ça qui l'enrhume!

BELORME.

J'ai beau éternuer... ma drôlesse de lanterne m'asphyxie...
Nous avons tous les jours des prises de bec... Et je ne me rebif-
ferais pas... allons donc! allons donc! allons donc!

BELORMEAU.

Il est dans le vrai... *Vingince!*

BELORME.

Si j'étais seul malade, passe encore... je me dirais : c'est mon
grand âge... qu'on fasse de moi ce qu'on voudra... une bûche, un
mât de cocagne... ça m'est égal! mais j'ai de la famille... je suis
père, nom de nom!...

BELORMEAU.

Calmez-vous, papa.

BELORME.

Que je me calme, quand je te vois emmaillotté de la tête aux
pieds... à ton âge... toi, mon rameau chéri... ma tige d'or...
(Changeant de ton.) Baise ton père... et ne casse pas mes branches.
(Ils s'embrassent.) J'avais compté sur toi pour perpétuer ma race...
je t'en fiche... tu ne perpétueras rien du tout.

BELORMEAU, avec feu.

Oh! ce n'est pas ma faute, p'pa...

BELORME.

Aussi, nous en avons assez de servir aux embellissements de
Paris... Les Parisiens se conduisent avec nous comme des rien-
du-tout. Zut! nous les lâchons.

LA FÉE DES CHAMPS-ÉLYSÉES.

Que dis-tu?

BELORME.

J'ai enjoint à tous les miens de se laisser périr... Plus de traite-
ment!... (Désignant la boîte de M. Purgon.) Plus de rafraîchissants... et
avant un mois...

LA FÉE DES CHAMPS-ÉLYSÉES, effrayée.

Les arbres des Champs-Élysées!..

BELORME.

Flambés, ma petite mère... et nous dirons aux promeneurs qui
venaient nous demander de l'ombrage : Allez donc vous asseoir,
tas de gandins!

BELORMEAU, s'animant.

Et nous donnerons le mot aux arbres du boulevard, aux arbres
du Palais-Royal.

BELORME.

Aux arbres de la tour Saint-Jacques.

LES FÉES.

Tout est perdu !

LA FÉE DES CHAMPS-ÉLYSÉES.

Qui nous sauvera ? (Grand bruit au dehors.)

TOUS, avec effroi.

La Comète !

LA COMÈTE, entrant.

Oui, la Comète.

LA COMÈTE.

AIR : *Polka de Mangeant.*

Je suis la comète
Dont on parlait tant.
La terre inquiète
Tremblait... et pourtant,
Malgré ma colère
Et l'arrêt du sort,
Mes amis , la terre
Tourne, tourne encor.
A mon arrivée
Dans ce gai Paris ,
Je m'y suis trouvée
En vrai paradis ;
J'ai vu tes spectacles,
Tes concerts, tes bals,
Pays des miracles
Et des carnavals;
J'ai fait, je m'en vante,
Plus d'un souper fin
Où l'on rit et chante
Du soir au matin.
J'ai vu, de nos belles,
Les serments d'amour,
Flammes éternelles
Qui durent un jour !
J'ai vu chez les hommes,
Que l'on dit méchants,
Moins de faux bons-hommes
Que de bons enfants.
Ils aiment à rire !
J'ai dit : « Laissons là
» Le firmament dire

» Tout ce qu'il voudra. »
Adieu ma colére!
Si j'ai, mes amis,
Épargné la terre,
C'est grâce à Paris.
Que l'on te vénère,
Pays des amours !
Grâce à toi, la terre
Tournera toujours!
Je suis la cométe, etc.

BELORMEAU, avec galanterie.

Ah! c'est madame qui, l'été dernier, a remporté sa petite veste.

LA COMÈTE.

Oui.

BELORME.

Et vous vous êtes fixée à Paris?

LA COMÈTE.

Oui... j'ai acheté un mobilier... et un piano en bois de rose.

BELORMEAU.

Un piano... il est bien heureux.

LA COMÈTE.

Air de l'Apothicaire.

Pourquoi ?...

BELORMEAU.

Je le dis sans détour,
Son destin m'enivre et m'enchante.
Que n' suis-je à sa place un seul jour!...
Le sort de ce piano me tente.

LA COMÈTE.

Eh mais! il devient fou, je croi!...

BELORMEAU.

Pour lui, félicités suaves!
Ce piano, plus heureux que moi ,
Possède à lui seul six octaves...
Oui, si j'étais un piano droit,
Je posséderais six octaves !

BELORME.

Tout ça est charmant! mais, ça ne nous guérit pas.

LA FÉE DES CHAMPS-ÉLYSÉES.

Attends... Madame a promis de nous sauver!

LA COMÈTE.

Voyons... que puis-je faire pour vous?

BELORME.

Moi... je demande qu'on me débarrasse de ce bec de gaz qui me taquine.

LA COMÈTE.

Rien de plus facile... on l'éloignera.

BELORMEAU.

Moi, je m'ennuie... je suis jeune, je demande des distractions...

LA COMÈTE.

Je t'en fournirai... viens avec moi... tu verras Paris... tu seras ébloui comme moi... et tu ne songeras plus à le quitter.

BELORMEAU, avec élan.

Oh! voir Paris... voir des femmes!... J'accepte!

BELORME.

Tu m'écriras, mon fils.

BELORMEAU.

Oui, p'pa... sur mes feuilles volantes... je chroniquerai pour vous... je vous raconterai les embellissements, les modes, les inventions, les changements...

LA COMÈTE.

Il y en a beaucoup.

BELORMEAU.

J'en connais déjà quelques-uns.

Air *d'Offenbach.*

Jadis, quand j'étais un p'tit arbre,
Les friponnes étaient des lorett's, et voilà
Qu'on les nomma filles de marbre,
Biches, camélias, puis enfin Dalila.
Maintenant, ce sont des musard-
Dines, dines, dines, dines, dines, dines;
Maintenant ce sont des musard —
— Dines que l'on voit dessus le boulevard!

TOUS.

Maintenant, etc.

BELORME.

Tu rapporteras une crinoline à ta mère, car...

Même air.

Aujourd'hui c'est la crinoline
Qui prête des appas
A cell's qui n'en ont pas.
Plus d'un tendron
A taille fine,
Dont l'ample jupon
Fait l'effet d'un ballon,
Se verrait, sans la crino-
Line, line, line, line, line, line,
Se verrait, sans la crino-
Line, line, line, réduite à zéro !

BELORMEAU.

Eh bien ! en route... cocher !...

LA COMÈTE.

Voilà ! (Elle fait un signe ; on voit paraitre un cheval vert qui semble s'en-
voler.)

BELORMEAU.

Qu'est-ce que c'est que ça ?

LA COMÈTE.

Le cheval de bronze. Grâce à lui, tu entreras à Paris sans être
remarqué.

BELORME.

Vous l'avez repris à votre service.

LA COMÈTE.

On l'a bien repris à l'Opéra.

BELORME.

Oh ! parce que *l'affaire a ri* au directeur.

LA COMÈTE.

Allons, en route !

CHŒUR.

AIR.

Allons, partons, sans tarder davantage ;
Ce jour, pour nous, est un jour de plaisir !
Bénissons tous, bénissons ce voyage,
Bonheur, santé vont bientôt revenir !

BELORME.

Je t'accompagne jusqu'à la place de la Concorde. (Ils grimpent tous deux sur le cheval. Belorme tient Belormeau à bras-le-corps pour ne pas tomber.)

BELORMEAU.

Oh! là là!... ne me chatouillez pas!

BELORME.

Allons! hue! bidet!

(*Reprise du chœur.*)

Allons, partons, etc.

(*Le décor change.*)

DEUXIÈME TABLEAU

Le décor change à vue et représente le boulevard Montmartre, près la rue Richelieu. — Au milieu, la porte dorée de la maison Frascati. — Le théâtre Guignol, qui tenait un des coins du théâtre, change également à vue et fait place à un des nouveaux kiosques des marchands de journaux. — Cris dans la coulisse.

—

SCÈNE V.

CHAPOULOT, LE COCHER, Promeneurs.

LA VOIX DE CHAPOULOT, en dehors.

C'est une horreur!... c'est une infamie!... (Des passants entrent en scène.)

CHŒUR.

Air des Pillules.

D'où vient donc ce grand courroux!
Ils vont en venir aux coups.
Calmez-vous, et devant nous,
Vite expliquez-vous!

(Chapoulot, petit jeune homme, vêtu à la mode du jour, avec un très-petit chapeau sans rebords, entre en scène en se débattant.)

CHAPOULOT.

Ah! ça, voulez-vous me lâcher... animal... bête brute!...

LE COCHER.

Alors, payez-moi; trente minutes... ça fait trente sous...

CHAPOULOT, tirant sa montre, et s'écriant :

Vingt-huit minutes... ça fait vingt-huit sous... lâchez-moi!...
à la garde!...

LA FOULE, s'interposant, au cocher.

Ah çà, qu'est-ce qu'il a fait?

LE COCHER.

C'est un bourgeois qui ne veut pas me satisfaire, et je vais le
mettre en fourrière...

CHAPOULOT.

Je refuse mon consentement.

LA FOULE.

Laissez-le s'expliquer...

LE COCHER, mettant Chapoulot à terre.

Oh! je veux bien!...

CHAPOULOT, rajustant sa toilette.

Vous êtes une affreuse canaille!...

LE COCHER.

Oh! oh! des gros mots... hop! bourgeois... hop! hop! (Il fait
claquer son fouet.)

CHAPOULOT, sautant.

Voulez-vous me laisser tranquille!... voulez-vous me laisser
tranquille!... Ah! le vilain cocher!... j'en ai assez... voilà vos
trente sous!...

LE COCHER.

Ah! c'est trente-deux sous, maintenant... voilà dix minutes
que vous me faites perdre!...

CHAPOULOT.

Il veut de l'augmentation... Ah! vous allez bien, vous...

LE COCHER.

Je vous dis que je veux mes trente-deux sous!...

CHAPOULOT.

Mais il n'y a donc pas d'inspecteur!... Messieurs, je proteste
énergiquement contre les grands cochers et contre les petites voi-
tures...

AIR:

Elles sont comme des tortues,
Les chevaux ne marchent qu'au pas,
Au tournant de toutes les rues,
Ce sont toujours des embarras.
Il faut sans cesse entrer en lutte...
A l'heure ell's n'marchaient pas beaucoup;
Mais d'puis qu'elles sont à la minute,
Elles ne marchent plus du tout!

LE COCHER.

Faut-il pas crever un cheval pour une mauvaise course?...

CHAPOULOT.

Messieurs, je tiens à vous expliquer... Voici ma carte... (il lit.) « Ernest Chapoulot, se charge de reports, de ventes ou achats de titres généralement quelconques. » Je suis à la coulisse, moi... (Voyant que l'on ne comprend pas.) La coulisse, qui se promenait tous les soirs devant le passage de l'Opéra, en disant : « Je prends quinze cents!... envoyez trois mille...»

LE COCHER.

Connu!...

CHAPOULOT, au cocher.

Je ne vous parle pas...

LE COCHER.

Allez toujours, bourgeois, allez toujours!...

CHAPOULOT.

J'avais un ordre à faire exécuter... vingt-cinq Sarragosse... Je dis à ce cocher : Conduis-moi au Passage... J'arrive... plus de coulisse... rasée!... Il paraît que ça gênait la circulation... On m'apprend au Passage que l'on se rassemblerait à l'avenir, tous les soirs à huit heures... sur la tour Saint-Jacques, pour ne pas gêner la circulation.

TOUS.

Sur la tour Saint-Jacques?

CHAPOULOT

C'est un endroit que l'on a trouvé pour faire de la hausse... hi!... hi!... hi!... (il rit.) et pour jouer à découvert... hi!... hi!... hi!...

LE COCHER, lui donnant un fort coup de poing.

Farceur de bourgeois, va!...

CHAPOULOT.

Je ne vous parle pas.

LE COCHER.

Allons, ho! payez...

CHAPOULOT.

Jamais!...

LE COCHER.

Je ne me règle que sur mon cadran...

CHAPOULOT.

Eh bien! vérifions... Faites-le voir votre cadran.

LE COCHER.

Voilà!... (Il se retourne, il a une horloge placée à la chute du dos.)

CHAPOULOT.

Je déclare que le cadran de monsieur avance... tout à l'heure il a sonné le quart... je l'ai parfaitement entendu... (A la foule.) j'en appelle à votre sagacité.

LE COCHER.

Allons! payez...

CHAPOULOT.

Tenez, finissons-en... voilà vos trente-deux sous!

LE COCHER, sa montre à la main.

Faites excuse, bourgeois, c'est trois francs...

CHAPOULOT.

Trois francs!...

LE COCHER.

Dame! voilà une heure un quart que vous nous embêtez avec vos histoires...

CHAPOULOT.

Ah! c'est trop joli... mais tu me dépouilles, affreux gredin... Tiens! veux-tu mes vingt-cinq Sarragosse?... les voilà!... Veux-tu mon chapeau?... prends!... (Il le lui met sur la tête.) Veux-tu ma redingote?... la voilà!... (Il la lui jette.) Veux-tu ma cravate, mon gilet?... tiens... tiens!... (Il les lui donne.) Veux-tu mon pantalon?... tiens!... (Au moment où il retire ses bretelles, entre un agent.)

L'AGENT.

Qu'est-ce que c'est?... un homme qui se déshabille sur la voie publique!... Vous êtes un polisson... je vous arrête... (Il lui met la main sur l'épaule.)

CHAPOULOT.

Mais... monsieur l'inspecteur, c'est une plaisanterie...

L'AGENT.

On ne plaisante pas avec les mœurs... En prison...

CHAPOULOT.

Jamais! (On rit.)

L'AGENT.

Ah! vous faites le récalcitrant... (Il le saisit et il l'entraine.) Au poste!...

CHAPOULOT, criant.

Je refuse mon consentement... Je proteste!...

LE COCHER, chargé des effets de Chapoulot.

Dites-donc, bourgeois, et mes trois francs?..

CHAPOULOT.

Ah! le vilain cocher.

LA FOULE, riant.

Au poste!...

ENSEMBLE.

Air du chœur d'entrée.

Vive le nouveau tarif;
Oui, le tarif progressif
Est pour tous, c'est positif,
Bien plus lucratif,

CHAPOULOT.

A bas le nouveau tarif;
Pour le bourgeois trop naïf
C'est un systéme abusif:
A bas le tarif!

*On emporte Chapoulot, qui se débat sur le dos de l'agent.— La foule
le suit en riant).*

SCÈNE VI.

LA COMÈTE, puis BELORMEAU.

BELORMEAU, dans le kiosque des journaux. Montrant sa tête.

La Patrie! journal du soir... Demandez les nouvelles intéres-
santes du jour.

LA COMÈTE, entrant.

Personne! c'est pourtant bien ici que je lui ai donné rendez-
vous!...

BELORMEAU.

La Patrie!... journal du soir...

LA COMÈTE.

C'est lui!

BELORMEAU, sortant du kiosque. — Il est habillé avec le dernier chic et coiffé
d'un chapeau Clarence. — Il tient une foule de journaux.

Tiens! mon guide!—Demandez *le Figaro...* la *Gazette de Paris...*
le Rabelais... le Monte-Christo... par Alexandre Dumas tout seul...
avec des vers d'Alfred de Musset... 25 centimes le numéro...
Alexandre Dumas tout seul!... Demandez...

LA COMÈTE, riant.

Comment!... tu vends des journaux?

BELORMEAU.

Dame! en vous attendant, il a bien fallu se créer une position
sociale.

LA COMÈTE.

Ce costume...

BELORMEAU.

Vous ne m'auriez pas reconnu... hein! (Passant la main dans ses cheveux.) Coupe de branches avec frisure... *Cinquante centimes!*

LA COMÈTE, montrant le kiosque.

Et te voilà installé... dans ce kiosque?

BELORMEAU.

Oui... c'est joli, ces nouvelles colonnes! Mais comme le public n'y est pas encore habitué... ça a quelques inconvénients...

AIR

Certes, il serait, je crois prudent et sage,
De la Mad'leine au Boul'vart Beaumarchais,
De mieux indiquer leur usage ;
Les promeneurs sont parfois si distraits !

LA COMÈTE.

Bah! le public ne se trompe jamais.

BELORMEAU.

Vous croyez ça? que vous êtes donc bonne;
Je viens de fair' condamner un Français
A seize francs d'amende... plus les frais,
Pour s'être trompé de colonne;
Il s'était trompé de colonne.

Ah ça, où sommes-nous?

LA COMÈTE.

Boulevard Montmartre... au coin de la rue Richelieu...

BELORMEAU, regardant la porte dorée.

Ah! qu'est-ce que c'est que ça?

LA COMÈTE.

La porte de la maison Frascati...

BELORMEAU.

La belle porte! la sublime porte!... Mais pour posséder une pareille porte, il faut être millo... (Il s'interrompt pour tousser, et achevant sa phrase.) Millonnaire!

LA COMÈTE.

Un peu!

BELORMEAU, avec admiration.

Oh! padre mio!...

Air de Calpigi.

Si j'en étais propriétaire,
Si le ciel m'eût fait millionnaire,
Je craindrais qu'une belle nuit
On ne vînt l'enlever sans bruit (*bis.*).
J'aurais, de peur qu'on ne l'emporte,
Pour tirer le cordon d'ma porte,
Au lieu d'un concierge banal,
Deux municipaux à cheval
Avec chacun un grand bancal !

Demandez les journaux les plus nouveaux... *le Monde illustré !* *l'Illustration ! le Béranger !...*

LA COMÈTE.

Un journal chantant?

BELORMEAU.

Non... un journal chroniquant... On ne chante guère aujourd'hui...

LA COMÈTE.

Comment ! on ne chante guère... Allons donc ! Écoute...

(Entre le cortége des nouvelles chansons de Béranger. — Le Tambour-Major. — La Fille du Diable, etc., etc. — Le tambour-major en tête, dans le costume traditionnel et très-coquet des tambours-majors. — Il agite sa canne, et les chansons battent le tambour.)

SCÈNE VII.

Les Mêmes, LE TAMBOUR-MAJOR, LES NOUVELLES CHANSONS.

ENSEMBLE.

Troupe légère, à nulle autre seconde,
Quand tout Paris nous accueille à deux mains,
Avant d'aller faire le tour du monde,
A ses enfants apprenons nos refrains.

LE TAMBOUR-MAJOR.

Ville ou faubourg,
En ce beau jour,
Chacun nous lit partout avec amour.
Gentils soldats,
Ne tremblez pas,
Car le succès accompagne vos pas !

ENSEMBLE.

Rapataplan, rataplan, rataplan !
Inclinez-vous devant ce régiment.
Rapataplan, rataplan, rataplan !
Allons, mes sœurs, marchons toujours gaîment.

LE TAMBOUR-MAJOR, agitant sa canne.

Halte !... fixe !

BELORMEAU.

Quelles sont ces demoiselles ?

LA COMÈTE.

Les nouvelles chansons de Béranger.

LE TAMBOUR-MAJOR.

La Fille du diable. — La Paquerette. — Le Matelot breton... des petits chefs-d'œuvre... Grâce à nous, la chanson va renaître, plus belle et plus glorieuse que jamais !... Que diable ! on ne chante plus !...

BELORMEAU.

Si fait !.,. En ce moment même nous avons une chanson très-distinguée... (Il chante.)

Ohé ! les p'tits agneaux,
Qu'est-c' qui cass' les verres ?...

TOUS.

Oh !...

BELORMEAU.

Ohé ! les petits agneaux,
Qu'est-c' qui cass' les pots ?
Ohé ! les petits agneaux...

Cette poésie me semble du dernier galant !

LE TAMBOUR-MAJOR.

Assez, malheureux !... Tu appelles ça chanter ?

AIR :

La chanson, c'est la muse folle ;
Au dessert, nos pères chantaient
Les refrains et la gaudriole
Que les bouteilles enfantaient.
Faut-il garder, vider nos verres,
Et laisser mourir la chanson ?

CHOEUR.

Non !

LE TAMBOUR-MAJOR.

Chantons comme chantaient nos pères!
Qu'elle ressuscite aujourd'hui !

CHOEUR.

Oui.

ENSEMBLE.

Et allez donc ! (*ter.*)
Allez donc !
Chantez donc !
Comme vos pères, vos grands-pères ;
Allez donc !
Chantez donc !
Les refrains ont encore du bon !
Faut-il garder, vider nos verres,
Et laisser périr la chanson ?
Non, non, non, non!

LE TAMBOUR-MAJOR.

Pas de noce, pas de baptême,
Dont nous ne soyons les parrains.
Bien des fois la France elle-même
Se consola par des refrains.

ENSEMBLE.

Faut-il garder, vider nos verres, etc.

BELORMEAU.

Pardon, major... et où allez-vous comme ça?...

LE TAMBOUR-MAJOR.

Assister au triomphe de notre père. On nous attend pour la grande cérémonie...

BELORMEAU.

Laquelle?

LE TAMBOUR-MAJOR.

Regarde! (Ici sort de terre un fauteuil sur lequel on lit : 41ᵉ fauteuil.)

BELORMEAU.

Le 41ᵉ fauteuil! Pardon... je croyais qu'il n'y en avait que quarante... Après ça, vous me direz : « Quand il y en a pour quarante... un de plus... un de moins... »

LE TAMBOUR-MAJOR.

Sacrebleu! Le quarante et unième a bien son mérite.

LA COMÉTE.

Vraiment!

LE TAMBOUR-MAJOR.

Vous en doutez?

Air nouveau de Mangeant.

Je vais en peu de mots vous dire son histoire:
Du Temple académique, oubliés sur le seuil,
Que d'écrivains fameux consacrés par la gloire,
Sont venus tour à tour s'asseoir dans ce fauteuil.
Le premier, c'est *Molière*! Il fit le *Misanthrope*,
Tartuffe, Don Juan, ces chefs-d'œuvre éternels;
Mais le sac ridicule où *Scapin* s'enveloppe,
Le bannit à jamais des quarante immortels.
Un autre vint après.... Son modeste bagage
Aux Illustres du temps parut trop faible, hélas!
Un auteur de romans!... fi donc! C'était *Lesage*,
Et c'est dans ce fauteuil qu'il raconta *Gil-Blas*.
Enfin l'abbé *Prévost* à son tour le remplace,
Conduit par *Desgrieux* et la tendre *Manon*.
Puis, *Jean-Jacques* s'assied, *Beaumarchais* y prend place,
Regardez: *Figaro* vint y graver son nom.
La bouteille à la main, voici la chanson folle,
Chassant le souvenir de quelques jours de deuil;
Désaugiers triomphant, chantant la gaudriole,
Préside le Caveau du haut de ce fauteuil.
Mais tout change bientôt... plus de faridondaine!
Balzac paraît... et là, l'immortel écrivain,
Voit passer devant lui *la Comédie humaine*
Et la suit du regard, un crayon à la main.
Voilà de ce fauteuil, voilà toute l'histoire.
Et celui qui nous quitte a le droit d'y siéger...
La France, à tous ces noms consacrés par la gloire,
Ajoute avec orgueil le nom de *Béranger*.

BELORMEAU.

Ah! sapristi!... ce sera une belle cérémonie... Je regrette de
ne pouvoir vous accompagner...

LE TAMBOUR-MAJOR, aux chansons.

Allons, mes amies, en avant!

LA COMÉTE.

Vous nous quittez déjà?...

LE TAMBOUR-MAJOR.

Il le faut... nous avons ensuite à faire le tour du monde...

LES CHANSONS.

Oui, oui, oui...

BELORMEAU.

Silence dans les rangs!...

LE TAMBOUR-MAJOR.

Par le flanc droit... droite... par file à gauche, pas accéléré...
en avant... marche!...

REPRISE DE L'ENSEMBLE.

Et allez donc,
Chantez donc
Comme vos pères, vos grands' pères,
Etc., etc.
(Sortie des Chansons.)

BELORMEAU.

Elles sont charmantes! Vivent les chansons!... vive la gaieté!

BAMBOULA, dans la coulisse.

Tarata... chipolata...

BELORMEAU.

Ah! mon Dieu!... quel est ce moricaud?...

SCÈNE VIII.

BELORMEAU, LA COMÈTE, BAMBOULA et COCOTTE vêtus à la
façon des créoles de la Havane.

BAMBOULA ET COCOTTE.

AIR : *Dansez Canada.*

Ach'tez Panama,
Zi zi, bou bou!
Ach'tez Panama,
A Bamboula.

BAMBOULA.

C'est moi qu'exerce
Petit commerce   (*bis*)
Pour gros argent.

COCOTTE.

Joli' toilette,
Chapeaux pour tête!
Faisez emplette.

BAMBOULA.

Moi qu'est marchand !..

ENSEMBLE.

Ach'tez Panama
etc., etc.

COCOTTE, offrant un chapeau a la fée.

Petite chapeau pour soleil...

BAMBOULA, offrant un chapeau à Belormeau.

Ça qu'est joli... ça qu'est mignon... Li pas cher... mille francs... (Il rit) Hi! hi! hi!

BELORMEAU.

Mille francs! un couvre-amour en paille!...

COCOTTE.

Paris bien chaud cet été.

BAMBOULA.

Oh! oui!... (soufflant comme un homme qui a très-chaud.) Bon... bon... alors moi qu'a planté là bon maître... moi qu'est venu en France pour vendre Panamas avec petite Cocotte... (Il rit.) Hi! hi! hi!

BELORMEAU.

Ah! mademoiselle est votre petite Cocotte?

COCOTTE.

Moi qu'est petite créole.

BAMBOULA.

Li qu'est petite négresse blanche à moi.

LA COMÈTE.

Voyez-vous ça!...

COCOTTE.

Oui...

BAMBOULA.

Moi qu'a vendu d'abord Panama deux sous, dix sous, pis vingt francs, pis cent francs, pis mille francs... (Faisant sonner de l'argent.) Moi qu'est riche...

COCOTTE.

Li qu'est fainéant...

BAMBOULA.

Moi, plus rien faire... promener comme ça... toujou... toujou... (Il met les mains dans ses poches.)

COCOTTE.

Li fumer ciga... nous dîner à Maison-d'Or... prendre café...

BAMBOULA.

Pousse-café!... rincette!.... rincinette.

COCOTTE.

Et pis, aller à spectacle...

BELORMEAU.

Ils se payent de l'agrément.

BAMBOULA.

Et quand moi pas avoir casaque bien blanche et souliers bien noirs, moi, pas content.

COCOTTE.

Li prendre bambou...

BAMBOULA.

M'sié l'bambou... et taper Cocotte...

LA COMÉTE.

En vérité!...

COCOTTE.

Oh! li méchant... li jaloux...

BELORMEAU, à Bamboula.

Ah! vous frappez les femmes?

BAMBOULA, riant.

Hi! hi! hi!

BELORMEAU, regardant Cocotte.

Une petite Cocotte si gentille...

BAMBOULA.

Vous pas regarder li... vous pas faire petits yeux... ou moi, prendre bambou et rosser Cocotte... rosser vous... rosser tout le monde... Hi! hi! hi! (Il lui montre les dents.)

BELORMEAU.

Permettez...

BAMBOULA, lui montrant les dents.

Hi! hi! hi!...

BELORMEAU, à part.

Ah! le vilain monsieur! (A Cocotte.) Et vous aimez ce singe-là?

COCOTTE.

Li qu'a le sac!

BELORMEAU.

Elle argote!... c'est une biche des tropiques!...

Air nouveau de Mangeant.

Hi! hi! hi! hi!.
Nous p'tits marchands,
Nous qu'est contents!
Baï-bo!.. Baï-bo!

COCOTTE.

Nous, monter sur navire
Et quitter not' pays.

BAMBOULA.

Nous, filer sans rien dire,
Bon maître bien surpris.

LA COMÈTE, *imitant leurs gestes.*

Mais bon maître, peut-être,
Un jour vous pincera.

BAMBOULA.

Nous dir' zut à bon maître.

COCOTTE, *faisant un pied de nez.*

Et nous lui faire ça.

REPRISE.

BAMBOULA ET COCOTTE.

Hi! hi! hi! hi!
     etc., etc.

LA COMÈTE ET BELORMEAU, *faisant le nègre.*

Hi! hi! hi! hi!
Eux p'tits marchands,
Eux qu'est contents.
Baï-bo! Baï-bo!

DEUXIÈME COUPLET.

BAMBOULA.

Moi qui vends chapeau d' paille,
Et vous qui donn' mill' francs.

BELORMEAU.

Vous qu'êt's petit' canaille
Qui veut fourrer moi d'dans
Vous fair' le bon apôtre.

BAMBOULA.

Nous qu'est bien bons enfants
Qui chang' li pour le vôtre
Et vous qu'ajout' vingt francs!

BELORMEAU, à part.

Ah! ça me va! (Il donne un louis à Bamboula, et se coiffe du Panama. —
Bamboula met le chapeau Clarence.)

REPRISE.

Hi! hi! hi! hi!
     etc.

Bamboula et Cocotte exécutent le pas national du Serpent fantaisiste. Belormeau
es imite. Ils sortent.

SCÈNE IX.

BELORMEAU, LA COMÈTE, puis BLAGADA.

BELORMEAU, regardant son chapeau.

Bonne affaire!... j'ai fait une bonne affaire!... (Lisant au fond de son chapeau.) « Casse-Majou, rue du Caire, marchand de chapeaux de paille. Prix : 3 fr. 50... » Ah! le filou!... je suis refait!... ah! j'ai besoin de sabler quelque chose! (Un écriteau sort de dessous terre portant ces mots : Vins factices. — Capital social : 200 millions.) Que vois-je! des vins factices.

BLAGADA, se précipitant en scène.

Air nouveau de Mangeant.

Parlez, me voilà,
Je suis Blagada.
Mon succès en France
Est partout immense.
De ces crûs fameux,
De ces vins fumeux,
Je suis le prôneur,
Le propagateur !
Je prône, je vante,
Tout ce qu'on invente,
Romans et journaux
Anciens ou nouveaux,
Opéras ou drames,
Toilettes de femmes....
De moi l'on ne peut se passer ;
Je fais mousser, mousser, mousser.
Parlez, me voilà
Etc., etc.

DEUXIÈME COUPLET.

Roi de la réclame,
Partout on proclame
Mes nombreux hauts faits,
Mes brillants succès.
Commerce, industrie,
Théâtre et librairie,
De moi rien ne peut se passer;
Je fais mousser, mousser, mousser.
Parlez, me voilà ! etc.

BELORMEAU.

Eh quoi! le vin, ce jus divin, qui nous met tous en train...

BLAGADA.

Enfoncé! supprimé! vivent les vins factices! capital social 200 millions!... Ça grise les marchands... ça grise les actionnaires.. ça grise tout le monde... excepté ceux qui en boivent... Goûtez-moi ça. (Il lui présente la bouteille.)

BELORMEAU, buvant.

Ah! puh! ah! pouah!... que c'est donc mauvais!

BLAGADA.

Ça se fabrique avec du vieux cuir et du jus de pruneaux...

BELORMEAU.

Sapristi! fallait donc le dire... les pruneaux me sont contraires!

BLAGADA.

Voulez-vous autre chose? Le thé foin?

BELORMEAU.

Le thé foin!... quelle nouveauté!...

LA COMÈTE.

Jadis, on s'invitait à prendre une tasse de thé... maintenant on s'invite...

BLAGADA.

A prendre une tasse de foin!

BELORMEAU.

Ah! foin de ce thé! foin! j'aime mieux autre chose.

BLAGADA.

Préférez-vous mon nouveau café?... le café de glands doux?

BELORMEAU.

Des glands! Mais, monsieur Blagada, je croyais que les glands ne servaient qu'à la nourriture de certains animaux... (souriant avec grâce) d'un aspect repoussant?

BLAGADA.

Aimez-vous mieux le compteur conjugal?

LA COMÈTE.

Qu'est-ce que c'est que ça?

BLAGADA.

Une importation anglaise.

BELORMEAU.

A quoi ça peut-il servir?

BLAGADA.

Vous avez, par exemple, un petit voyage à faire... vous vous défiez de votre femme... vous voulez savoir si elle ne reçoit pas de visites en votre absence...

BELORMEAU.

Je ne suis pas marié.

BLAGADA.

On l'est toujours un peu... plus ou moins... Que faites-vous?

BELORMEAU.

Je donne dix francs à mon portier pour surveiller ma femme...

BLAGADA.

Et vous ne savez rien...

BELORMEAU.

Mais puisque je donne dix francs à mon portier pour qu'il me dise tout!

BLAGADA.

Mais puisque votre femme lui en donne vingt pour qu'il ne vous dise rien...

BELORMEAU.

Ah! c'est juste!

BLAGADA.

Ah!...

BELORMEAU.

Ah!...

BLAGADA.

Vous prenez un compteur... vous le mettez adroitement en communication avec la causeuse de votre femme... et vous partez... Supposons qu'Adélaïde...

BELORMEAU.

Qui ça, Adélaïde?

BLAGADA.

Votre femme... Supposons qu'elle pèse cent livres...

BELORMEAU.

Mettez cent vingt... J'aime la femme potelée...

BLAGADA.

Eh bien!... votre compteur marque cent vingt. Le lendemain, vous revenez... vous consultez votre compteur... il marque trois cents... Qu'en concluez-vous?

BELORMEAU.

J'en conclus qu'Adélaïde a bien engraissé...

LA COMETE.

Ça n'est pas ça...

BELORMEAU, poussant un cri.

Ah! j'y suis!... C'est très-ingénieux! Cent vingt et cent quatre-vingts... ça fait trois cents...

BLAGADA.

Votre compte est fait...

BELORMEAU.

AIR de *Madame Favart.*

Ce compteur-là me semble fort utile

BLAGADA.

Pour les amants, l'excellent traquenard !
Nous en vendons par centaines, par mille...

BELORMEAU.

Mais il prévient peut-être un peu trop tard.
L'invention pour moi n'est pas parfaite.

BLAGADA.

Voulez-vous donc qu'on vous prévienne avant?

BELORMEAU.

Oui je voudrais un compteur à sonnette,
Quitte à payer un léger supplément !
Je préfér'rais un compteur à sonnette
    Qui me prévînt auparavant.

BLAGADA.

Mais la plus belle, la plus grande, la plus sublime de mes inventions de l'année, c'est la cuisine au gaz.

BELORMEAU ET LA COMÈTE.

La cuisine au gaz?

BLAGADA.

Oh! quel bouillon je prépare avec la cuisine au gaz!

LA COMÈTE.

Vraiment!...

BLAGADA.

En voulez-vous un?

BELORMEAU.

Un bouillon... ma foi, ce n'est pas de refus... J'ai des tiraille-
mens... dans les jambes.

BLAGADA.

Rien de plus facile. A moi, la marmite fantaisiste ! à moi, mes
marmitons! (Il fait un signe, et on voit paraitre, au milieu de la scène, un
grand pot-au-feu. — Deux marmitons entrent de chaque côté, portant des
corbeilles.)

BELORMEAU.

Ah! le beau pot-au-feu... Mais il faut un bœuf entiér, pour mettre là-dedans.

BLAGADA.

Erreur, monsieur... quand vous voulez faire prendre un bouillon à quelqu'un, voici ce qu'il faut lui offrir... (Prenant des brochures dans la corbeille.) *L'Amiral de l'escadre bleue.* (Il le met dans le pot-au-feu.)

BELORMEAU, le voyant tomber.

Bing!

BELORMEAU, prenant un paquet de papiers.

Cinquante actions des omnibus de Londres... (Tirant deux poupées costumées.) Une chose que l'on n'a jamais vue à Paris... Des danseurs espagnols... L'envers d'une jolie femme... (Il jette une tournure en fer.)

LA COMÈTE.

Mais c'est le thé de Mme Gibou?

BLAGADA.

Attendez! attendez! (Jetant d'autres poupées.) Le comité des blondes!

BELORMEAU.

Ah! le joli bouillon! le joli bouillon!

BLAGADA.

Ça mijote, monsieur... ça mijote... Une, deux, trois... le bouillon demandé. (Armé d'une grande cuiller à pot, il verse une tasse à Belormeau.)

BELORMEAU.

Ah! qu'il est bon!... J'y reviendrai! sans vous commander... (La marmite a disparu.)

BLAGADA.

Il n'y en a plus; on a tout avalé.

> *Air des Vestes* (Mangeant).
> On a gobé tout ça
> Le Parisien veut d'la réclame,
> Nul n'est, je le proclame,
> Plus gobeur que ce gobeur-là.
>   C'est au Jardin d'Hiver
>   Qu'éclata ma science;
>   Pour ce Jardin d'Hiver
>   Que de projets en l'air!
>   Quel brillant avenir!
>   Quel dividende immense!
>   Hâtez-vous d'accourir
>   Venez-vous enrichir!
> On a gobé tout ça etc.

De madame Gil Blas
Les quarante-huit volumes,
Asphaltes et bitumes,
Chemins qui n' marchent pas.
L' puits artésien d' Passy,
L'art d'sécher les légumes,
Chapeaux, modes costumes,
    Et caoutchouc durci.
On a gobé tout ca ! etc.

Tout ce qu'on inventa,
Reports, banques ou caisses,
Mines de Mouzaïa,
Maillots de l'Opéra :
De messieurs les gérants
Les superbes promesses,
Et leurs discours charmants
Qui vous mettent dedans.
On a gobé tout ça etc.

ENSEMBLE.

On a gobé tout ça etc. (*Traplapla sort.*)

SCÈNE X.

CHAPOULOT, BELORMEAU, LE COCHER, COCHERS.

CHAPOULOT, rentrant.

Oh! les gueux!... ah ! les brigands!... ils m'ont relâché !

BELORMEAU.

Monsieur s'est fait pincer ?

CHAPOULOT.

Deux heures au violon !.... mais ils m'ont condamné à payer...

LE COCHER, entrant.

Eh bien ! ça finira-t-il ?

CHAPOULOT, payant.

Voilà tes trois francs!

LE COCHER.

Faites excuse, mon bourgeois...maintenant, c'est sept francs.

CHAPOULOT.

Sept francs?...

LE COCHER.

Et les deux heures que j'ai passées au poste à **vous attendre !**...

BELORMEAU.

C'est juste... s'il est resté devant la porte...

LE COCHER.

Je vous aurais attendu jusqu'à demain, moi!...

CHAPOULOT.

Et tu crois que je te payerai?

LE COCHER.

Faudra bien!...

CHAPOULOT.

Tu as un mauvais cheval... mais j'ai de bonnes jambes...

LE COCHER.

Hein!... qu'est-ce qu'il dit?

CHAPOULOT.

Une, deux, trois!... (Il se sauve.)

LE COCHER.

A moi, les amis!... la chasse au bourgeois!... (Il court après Chapoulot. — Entrent plusieurs cochers qui le suivent.)

BELORMEAU.

- Ah! le filou!... le voleur! (Il court aussi. Chapoulot, poursuivi par les cochers, traverse deux fois la scène. Ils disparaissent enfin par l'orchestre des musiciens.)

BELORMEAU, ne les suivant plus.

Ah! ma foi... tant pis... qu'ils s'arrangent...

CRIS DANS LA COULISSE.

Ah! ah!... voyez donc... ah! ah!

BELORMEAU.

Quel est ce bruit?...

SCENE XI.

BELORMEAU, LA COMÈTE, Mme BOVARY. (Madame Bovary entre vivement, comme quelqu'un qui est poursuivi. — Elle est en domino rose, et porte un masque sur la figure.)

MADAME BOVARY.

Madame! au nom du ciel!... sauvez-moi!

BELORMEAU.

Un domino rose!

LA COMÈTE.

Mon Dieu! que vous est-il donc arrivé?

MADAME BOVARY.

Sauvez-moi! je suis une femme comme il faut... une jeune et

timide provinciale... Voici mon nom, monsieur. (Elle lui remet une carte.)

BELORMEAU, lisant.

Mme Bovary; 2 volumes in-18.

LA COMÈTE.

Ce roman réaliste qui a fait tant de bruit!

MADAME BOVARY, regardant autour d'elle.

Ils ont perdu ma trace... Enfin!... (Elle ôte son masque.)

BELORMEAU.

Bigre!... la jolie femme! (Madame Bovary se débarrasse de son domino et apparaît en débardeur très-élégant.) En débardeur!...

MADAME BOVARY, d'un air très-innocent.

C'est bien imprudent à moi, n'est-ce pas, d'avoir quitté le domicile conjugal pour aller passer une nuit au bal masqué et souper ensuite avec des pas grand'chose?

BELORMEAU.

C'est roide! c'est roide!

MADAME BOVARY.

J'aime tant Léon!...

LA COMÈTE.

Qui ça Léon?... monsieur votre mari?

MADAME BOVARY.

Non... un voisin...

BELORMEAU.

C'est roide! c'est roide!

MADAME BOVARY.

Mais Rodolphe s'est si mal conduit avec moi.

BELORMEAU.

Qui ça Rodolphe?... monsieur votre mari?

MADAME BOVARY.

Non... un autre voisin.

BELORMEAU.

Hé! elle voisine trop, cette femme-là, elle voisine trop...

LA COMÈTE.

Oh! à la campagne...

BELORMEAU.

Les soirées sont si longues!...

LA COMÈTE.

Et votre mari?

MADAME BOVARY.

Oh! c'est un honnête homme. Mais il ne me comprend pas.

3

Moi, j'aime les parties fines, les crevettes, le bordeaux retour de l'Inde et les petites intrigues...

BELORMEAU.

Voyez-vous ça! Aimable enfant! aimable enfant!

MADAME BOVARY.

Eh bien, les journaux prétendent que je suis immorale!

LA COMÈTE.

Vraiment?

MADAME BOVARY.

Moi, immorale!... c'est faux. Je me cache pour faire tout ça... Et pourtant, à ce souper... après le bal masqué... Vous ne savez pas?

BELORMEAU.

Non.

MADAME BOVARY, baissant les yeux et riant à la manière des enfants.

Oh! oh! oh! oh! je n'oserai pas le dire.

BELORMEAU.

Allez donc votre train.

MADAME BOVARY, d'une voix suave.

J'ai... j'ai pincé mon petit cancan.

BELORMEAU.

L'aimable enfant! mon Dieu! l'aimable enfant! Ah! il a de la chance, votre mari! Tenez, voilà un paroissien qui est vénard...

MADAME BOVARY.

Oh! c'est un honnête homme! Il est médecin... à trois lieues de Rouen.

LA COMÈTE.

Eh bien, retournez près de lui.

BELORMEAU.

C'est ça... allez revoir la Normandie.

MADAME BOVARY.

Impossible... Il faut que je reste à Paris... Et puis, vous ne savez pas... (Avec pudeur.) Oh! je n'oserai jamais vous le dire.

BELORMEAU.

Allez donc toujours votre train... allez donc votre train... je m'attends à quelque chose de canaille.

MADAME BOVARY.

Eh, bien... je suis allée au théâtre, hier, et là, j'ai vu un artiste... qui a fait sur moi une impression!... C'est peut-être bien mal!...

BELORMEAU.

Allons, bien! Elle donne dans le cabot, maintenant.

MADAME BOVARY, avec fierté.

Non ! un grand artiste ! un beau jeune homme... d'une pâleur intéressante.

BELORMEAU.

Une pâleur intéressante !...

LA COMÈTE.

Nous avons M. la Fontaine, dans *Dalila*.

BELORMEAU.

Sa statuette se trouve également chez tous les marchands de musique... (Il prend un air inspiré.)

MADAME BOVARY.

Non !

BELORMEAU.

Une pâleur intéressante... nous avons *le Nouveau Tartuffe* de l'Odéon... Qu'il est donc pâle, celui-là ! mon Dieu !

MADAME BOVARY.

Non !

BELORMEAU.

Sapristi ! qui ça peut-il être ? (L'orchestre joue *Au clair de la lune*. Pierrot paraît au fond, traînant une charrette, sur laquelle sont écrits ces mots : *Déménagement des Folies-Nouvelles au Pré-Catelan.*)

MADAME BOVARY.

C'est lui !

BELORMEAU.

Pierrot ! ah ! je le crois fichtre bien qu'il est pâle ! (Musique pantomimique. Pierrot accourt, fait une déclaration à madame Bovary, en entremêlant sa pantomime de petits cris. Madame Bovary lui donne une orange et un sucre d'orge.)

RÉCITATIF.

Madame Bovary, cette épouse infidèle
Après tant de folies va faire un' folie-nouvelle.

MADAME BOVARY.

Pierrot, mon p'tit Pierrot
Eh ! quoi... rien... pas un mot.

AIR

Quel malheur ! il ne parle pas.

BELORMEAU ET LA COMÈTE.

Non... il ne parle pas,

MADAME BOVARY.

Pour moi, quel embarras !
C'est affreux, car, que faire hélas !
D'un monsieur (*bis*) qui ne parle pas,

PANTOMIME.

MADAME BOVARY, après la pantomime.

Ah ! tant pis!... je veux être ta Colombine... et tu seras mon
Pierrot... mon petit Pierrot... mon amour de Pierrot...

BELORMEAU.

Comment!... un Pierrot que vous connaissez à peine...

MADAME BOVARY.

Ça m'est égal,
C'est plus original ;
Dans la Normandie
Je m'ennuie.
Prendre un Pierrot... c'est mal,
Mais, au total,
Rire, voilà le principal.
REPRISE — ENSEMBLE.
Ça m'est égal !...

LA COMÈTE, BELORMEAU.

C'est peu moral,
Mais c'est original ;
Dans la Normandie
Elle s'ennuie !.
Prendre un Pierrot... c'est mal
Mais, au total,
Rire, voilà le principal...

BELORMEAU, remontant.

Comment!... il l'emporte... mais il va la flanquer par terre...
Les Toreador entrent.)

SCÈNE X.

BELORMEAU, QUATRE TORÉADORS. (Ils entrent en scène, suivis de
la foule, et vêtus du costume des écarteurs landais qu'on a vus à l'Hippodrome.)

CHŒUR.

Accourez tous, venez sur cette place ;
Que l'on s'amasse,
Que l'on s'entasse !

Jamais Paris ne vit et n'applaudit
  Rien d'aussi beau,
  D'aussi nouveau !

BELORMEAU.

Des toréadors !...

PREMIER TORÉADOR.

Non !... monsieur... les écarteurs landais de l'Hippodrome...

DEUXIÈME TORÉADOR.

Un spectacle qui ne s'était jamais vu à Paris !...

TROISIÈME TORÉADOR.

Un spectacle étonnant !...

QUATRIÈME TORÉADOR.

Ravissant !...

PREMIER TORÉADOR.

Renversant !... c'est le mot !...

BELORMEAU.

Ah ! oui... je sais... vous asticotez des vaches... comme ça...
(il frappe dans ses mains) et puis, vous vous sauvez...

PREMIER TORÉADOR.

La vache passe... et le public applaudit...

DEUXIÈME TORÉADOR.

C'est plein d'émotions !

TROISIÈME TORÉADOR.

 Il faut nous voir, avec fierté,
 Venir nous poser dans l'arène !

QUATRIÈME TORÉADOR.

 Le public est tout transporté
 De nos grands airs, de not' sans-gêne !

TROISIÈME TORÉADOR.

 Mais bientôt leur fureur s'accroît...

QUATRIÈME TORÉADOR.

 Et, pour éviter leurs rencontres,
 On se retourne...

BELORMEAU.

   Et l'on reçoit
 Un coup de corne dans l'endroit
 Où les cochers plaçaient leurs montres.

Je n'aimerais pas ça.

TOUS.

Il n'y a pas de danger...

BELORMEAU.

Au fait je me suis laissé dire que les cornes de ces demoiselles étaient en caoutchouc...

QUATRIÈME TORÉADOR.

En caoutchouc !...

DEUXIÈME TORÉADOR.

Ça n'est pas vrai !...

TROISIÈME TORÉADOR.

C'est un bruit que les taureaux ont fait courir !...

PREMIER TORÉADOR.

Par jalousie...

BELORMEAU.

Je comprends... ne pouvant pas courir eux-mêmes, ils font courir des bruits.

DEUXIÈME TORÉADOR.

De vraies vaches, monsieur...

PREMIER TORÉADOR.

Avec de vraies cornes...

QUATRIÈME TORÉADOR.

Tout ce qu'il y a de plus cornes...

TROISIÈME TORÉADOR.

Vous allez en juger vous-même.

TOUS, se plaçant.

Lâchez les vaches !... (Ils frappent dans leurs mains.)

BELORMEAU.

Ce ne sont pas des toréadors, ce sont des vachéadors. (Musique.) Il n'y a pas de danger, au moins?

QUATRIÈME TORÉADOR.

Ne craignez donc rien... (Les Toréadors regardent de tous côtés, et, ne voyant pas paraître les vaches, ils recommencent à frapper dans leurs mains.)

LES TORÉADORS.

Lâchez les vaches !... lâchez donc les vaches !...

BELORMEAU.

Elles manquent leur entrée... (Un monsieur en habit noir, cravate blanche, en gants paille, s'avance et vient saluer gravement le public.)

LE RÉGISSEUR.

Mesdames et messieurs !... nous nous voyons, à notre grand regret, obligés d'interrompre ici la revue...

TOUS.

Oh !... (Tout le monde se rapproche.)

LE RÉGISSEUR.

L'administration du théâtre du Palais-Royal avait engagé, pour les représentations de cette pièce, *les Vaches landaises.* M. Hyacinthe avait été envoyé la semaine dernière en Belgique pour s'entendre avec elles... Tout était conclu... et nous les attendions aujourd'hui par le convoi de cinq heures et demie... elles ne sont pas encore arrivées...

BELORMEAU.

Ces dames manquent à leur devoir...

LE RÉGISSEUR.

Il ne s'agit probablement que d'un simple retard... L'administration vient de faire jouer le télégraphe électrique... et nous pensons, dans quelques minutes, pouvoir reprendre la représentation... (Il salue.)

LES CLAQUEURS, applaudissant et criant.

Bravo! bravo!...

CHAPOULOT, se levant, au balcon.

Non!... non!... Ah! je la trouve mauvaise, celle-là... (Le rideau baisse.)

TROISIÈME TABLEAU

LE RÉGISSEUR, s'approchant de la rampe, pendant que le rideau baisse, de manière à le laisser sur la scène.)

Vous dites, monsieur?...

CHAPOULOT.

Je dis qu'elle est mauvaise... Je demande les vaches... qu'on me les serve...

LE RÉGISSEUR.

On vous les servira, monsieur... dès qu'elles seront arrivées...

CHAPOULOT.

Les vaches!... ou rendez-moi mon argent... J'ai un billet de faveur... mais ça ne fait rien... rendez-moi mon argent...

LE RÉGISSEUR.

Cependant, monsieur, si vous avez un billet de faveur...

CHAPOULOT.

Et la voiture que j'ai prise pour aller le chercher, et les désagréments qu'elle m'a procurés... et le petit banc qu'on m'a flanqué dans les jambes quand je suis entré... et *l'Entr'Acte* qu'on

m'a fourré dans ma poche... D'ailleurs, vos vaches landaises...
c'est une blague, j'en suis sûr.

LE RÉGISSEUR.

Oh! monsieur!... (Tirant un papier de sa poche.) Voici leur engage-
ment...

CHAPOULOT.

Lisez-le... non... passez-le moi. Je veux le lire moi-même.

LE RÉGISSEUR.

Le voici, monsieur...

CHAPOULOT, lisant.

« Entre les soussignés, Gonzalès Bertignac... agissant comme
propriétaire et tuteur des *Vaches landaises*, d'une part... Et le
sieur Pierre-Camomille-Ernest-Marie-Hyacinthe, d'une autre
part... Il a été convenu ce qui suit :

» Art. 1er. —Les *Vaches landaises* sont engagées au théâtre du
Palais-Royal, pour toute la durée des représentations de la revue...

» Art. 2. — L'administration s'engage à les hisser tous les soirs
jusqu'au quatrième étage de cette charmante bonbonnière...» Et les
amendes?

LE RÉGISSEUR.

Les amendes... art. 10... voyez, Monsieur...

CHAPOULOT.

Toute inconvenance faite en scène sera passible d'une amende
de 10 francs... Toute représentation manquée entraînera le paye-
ment d'un dédit de 25,000 francs. La représentation est manquée...
vous leur ferez payer le dédit.

LE RÉGISSEUR.

Oui, monsieur.

CHAPOULOT.

Et vous l'encaisserez...

LE RÉGISSEUR.

Oui, monsieur...

CHAPOULOT.

Et l'administration le gardera?

LE RÉGISSEUR.

Oui, monsieur...

CHAPOULOT.

Je m'y oppose... Je demande qu'il soit partagé aux spectateurs
qui sont venus pour voir *les Vaches landaises*.

LE RÉGISSEUR.

Permettez, monsieur...

CHAPOULOT.

J'en veux ma part... les vaches ou le dédit...

LES CLAQUEURS.

A la porte!.. à la porte!...

CHAPOULOT, se posant avec dignité.

Je déclare que je suis ici... par ma volonté... et que je n'en sor-
tirai que par la force...

LE COCHER, paraissant aux deuxièmes loges.

Cré coquin!... c'est lui... le v'là!..

CHAPOULOT.

Hein!... mon cocher... Oh! les vilains cochers!... les vilains
cochers!... (Il sort. — On entend dans les coulisses résonner des coups de
fouet, et la voix de Chapoulot crier : OH ! LES VILAINS COCHERS!.. (Musique.)

LE RÉGISSEUR, auquel on passe un papier par le trou de la toile.

Ah! messieurs, voici des nouvelles!... Il ne s'agissait, en effet,
que d'un simple retard. — Le convoi qui devait arriver à cinq
heures et demie du soir arrivera positivement à cinq heures et
demie du matin; ainsi donc, un peu de patience. — Il salue et va
pour sortir.

UN MONSIEUR, dans la salle.

Auriez-vous la prétention de nous faire passer la nuit ici?

LE RÉGISSEUR.

Ah! c'est juste, monsieur... mais nous sommes bien embarras-
sés; si vous vouliez accepter, pour aujourd'hui seulement, une
scène de prestidigitation, par mademoiselle Ninita Anguillette, du
Pré Catelan... Oui!... Au rideau!..

ACTE DEUXIÈME

—

QUATRIÈME TABLEAU

*Le théâtre représente le théâtre de magie de mademoiselle Ninita
Anguillette. Au lever du rideau, un servant en habit noir entre en
scène, incline sa tête, prend les candélabres sur les tables et les
change de table. Il sort. Musique à l'orchestre, pendant cette
entrée.*

—

SCÈNE PREMIÈRE.

NINITA, entrant et saluant le public. La musique cesse.

Ladyes et gentlemen, messieurs et mesdames, avant de commencer mes représentations au théâtre du Palais-Royal, permettez-moi de vous remercier pour l'accueil *bienveillant* que vous avez daigné me faire cet été au Pré Catelan. Comme là-bas, mes séances auront lieu tous les jours ; elles seront gratuites ; seulement, aux personnes quidésireraient être bien placées, je conseillerai ceci... Il y a en bas, à l'entrée du théâtre du Palais-Royal, un petit bureau ; dans ce bureau se trouve une dame charmante, qui vous parle à travers un petit guichet ; vous lui passez de l'argent, elle vous passe un billet avec un numéro... et alors vous êtes sûrs d'être bien placés... et surtout bien assis... (Au chef d'orchestre.) Un peu de musique, s'il vous plaît... (Musique. Après quelques mesures, elle agite sa sonnette, la musique s'arrête.) Pour commencer mes expériences, j'aurais besoin d'un mouchoir blanc... l'un de ces messieurs voudrait-il me confier un mouchoir... Monsieur... (Elle veut franchir l'orchestre, et s'aperçoit qu'on n'a pas enlevé la boîte du souffleur. Elle est contrariée, hésite et dit à la cantonade, à demi-voix.) Monsieur le souffleur !... votre boîte... fermez votre boîte !... Comment ?... polisson !... (Enfin, elle se décide à la franchir, et le souffleur baisse sa boîte. A un monsieur de l'orchestre.) Monsieur, auriez-vous un mouchoir blanc ?... ah ! pardon... vous êtes enrhumé, vous tenez à le garder... très-bien... Ah ! monsieur... (A un autre.) Je vous remercie... Maintenant, j'aurais besoin d'un foulard... peu importe la couleur, bleu, vert, jaune, pourvu qu'il soit rouge. (A un musicien.) Monsieur, vous devez avoir un foulard rouge... (Le musicien le lui donne.) Merci, monsieur. (Elle remonte sur le théâtre.) Messieurs, je mettrai ce mouchoir blanc sur le coin de cette table à droite, et ce foulard rouge sur le coin de celle de gauche... Messieurs, voici deux vases, comme vous pourriez supposer qu'ils sont à double fond, je vous prierai de les examiner. (Elle les fait visiter.) Vous voyez, messieurs, que ces vases sont très-ordinaires... Je prends le mouchoir blanc que voici, et je le dépose dans ce vase... je prends également ce foulard et je le place dans celui-ci. Maintenant, pour les isoler le plus possible l'un de l'autre, je vais déposer les deux vases sur chacune de ces tables... (Elle les place.) Ah ! pardon... c'est que je ne me rappelle plus dans quel vase se trouve le mouchoir blanc et dans lequel doit se trouver le foulard !... Mon Dieu, messieurs, le plus court, je crois, sera de nous en assurer de nouveau... (Elle regarde dans les deux vases.) Ah ! dans celui-ci... (désignant celui de droite) se trouve le mouchoir blanc, et, par conséquent, dans l'autre, doit se trouver le foulard. (Elle regarde.) En effet... A l'aide de cette baguette, qui est toute-puissante... (elle prend sa baguette) j'ordonnerai au mouchoir blanc, qui est dans ce vase de droite, de passer à la place du foulard, qui est dans celui de gauche... Pour opérer cette métamorphose, je prends, comme ceci, au bout de ma baguette, qui est de plus en plus puissante, le mouchoir blanc que voici. Vous le voyez, messieurs ?... non ! c'est étonnant !...et je lui dis : une, deux, trois, passez !... Quant au foulard, messieurs, je ne le déplierai pas, je vais le rouler, comme ceci, le presser afin de le rendre imperceptible, et, de cette façon, le déposer délicatement dans ce vase. (Vase de droite.) Maintenant, messieurs, à ma droite se trouve le foulard... voici... (elle le montre) et à ma gauche le mouchoir blanc... Voilà! Allez la musique! (Elle rend les mouchoirs. La musique cesse à un signe.) L'un de ces messieurs aurait-il, par hasard, un bonnet à poil?... non!... un bonnet de coton?... pas davantage... alors je me contenterai, simplement, de quelques chapeaux... un, deux, trois, quatre, si c'est possible... soyez tranquilles, messieurs, je ne les abimerai pas. (Elle prend des chapeaux dans la salle.) Voici quatre chapeaux... je vous ferai remarquer qu'il n'y a rien d'oublié à l'intérieur par ces messieurs... (Elle les pose sur la table du milieu.) Voici un dé énorme... je demanderai à monsieur dans quel chapeau il désire que je fasse passer le dé que voici... (elle le montre) à gauche, à droite, au milieu?... Voyons, messieurs, ne parlez pas tous à la fois!... à gauche?... très-bien, monsieur... Or donc, il est bien entendu que c'est dans ce chapeau que doit passer le dé... (Elle le met.) Je me sers de ce chapeau pour couvrir celui-là... Voici un couvercle... remarquez, messieurs, qu'il n'est nullement préparé. Je prends ce dé et je le mets sur ce chapeau... je fais, à l'aide de ce couteau, une légère incision, que personne ne voit, de chaque côté du dé, afin qu'il puisse passer dans le chapeau désigné... Ah! pardon, monsieur... (elle coupe le chapeau) vous permettez, n'est-ce pas?... je ne fais que le couper un peu... là... voilà ce que c'est. Je prends le couvercle et j'en couvre le dé comme ceci... et toujours à l'aide de ma baguette, qui est de plus en plus puissante, j'ordonne au dé de passer dans ce chapeau... (Elle désigne le chapeau en dessous.) Une, deux, trois, passez!... (Elle enlève le couvercle.) Vous voyez, messieurs, plus rien sous ce couvercle, et le dé se trouve bien ici dans ce chapeau. Messieurs, voici une cloche... je placerai dessous ce même dé que voici; maintenant, je demanderai à une personne de la société, en quoi elle désire que je change ce dé... rien ne m'est impossible... non pas que je sois sorcière, non, messieurs, mais enfin, je puis le changer en... légumes, si vous désirez... en carotte, chou-fleur, concombre, melon, cornichon...

UNE VOIX, dans la salle.

En concombre!

NINITA.

C'est madame qui m'a parlé... en concombre, très-bien!... à l'aide de ma baguette, toujours de plus en plus puissante, j'ordonne au dé qui est sous ce globe de se changer en concombre... un, deux, trois... partez! (La cloche s'agite, la tête de Belormeau en paraît coiffée.) Un homme en ces lieux!... mais, monsieur, qui êtes-vous?

je ne vous connais pas... seriez-vous assez bon pour me dire
votre nom?

BELORMEAU.

Ernest Belormeau, compère de revue.

NINITA.

Compère, vous pouvez me servir...

BELORMEAU.

C'est une rude femme... Je ne demande point de gages... Des
égards... et quelques bontés.

NINITA.

Monsieur, je suis une femme comme il faut... Je suis dans ma
famille. Nous allons faire un tour ensemble.

BELORMEAU.

Je le veux bien!... Allons aux Tuileries...

NINITA.

Je vous ferai remarquer, messieurs, que chez moi rien n'est
préparé... Ce ne sont point des boîtes à double fond... Et quant
au dessous de mes tables... rien absolument rien!... (Elle relève le
tapis d'une des tables, et l'on aperçoit un compère accroupi dessous.) Cachez-
vous donc!... (Elle lui donne un coup de pied et se place devant la table.)
Rien... absolument rien... Messieurs... je prends cette boule... Il
s'agit de la faire disparaître, c'est très-facile. Attention!.. Je prends
donc la boule comme ça... je la presse... je la presse encore... et
plus rien... (Elle salue gracieusement en faisant claquer ses doigts.)

BELORMEAU, montrant la boule.

C'est moi qui l'ai! Elle me l'a passée.

NINITA.

Animal, va!... Mais, vous êtes un maladroit! Si c'est comme
cela que vous me servez, mes tours ne seront pas possibles. (Belormeau, sans faire attention, lève un globe sous lequel se trouve placé un chat. Le chat
se sauve.) Allons! bon! voilà mon tour de chat manqué!...Tenez,
puisque vous m'avez fait manquer la boule et le chat!... asseyez-
vous, prenez cette chaise... voici une serviette, je vais vous la
mettre autour du cou... (Elle la lui met et fait un nœud.) Messieurs, je
prends ce couteau... vous voyez qu'il n'est nullement préparé...

BELORMEAU, effrayé.

J'ai le trac!... Que va-t-elle me faire?... Oh! mon Dieu! je...
oh! brrr!...

NINITA.

Je vais vous couper le nez... (Elle prend sur la table du milieu une petite
pierre pour le fion du couteau.)

BELORMEAU.

Oh! non, non! (Il implore, il tremble.)

NINITA.

Vous tenez donc beaucoup à votre nez?

BELORMEAU.

Dame!... vous savez... l'habitude... et puis, je vas vous dire... mon nez ne m'appartient pas.

NINITA.

Comment! votre nez...

BELORMEAU.

Il est classé parmi les monuments historiques... On le cite... on le cite!.. et si vous le faisiez disparaître... vous comprenez... les étrangers sont curieux...

NINITA.

Ne craignez rien... je me charge de tout!.. D'ailleurs, je n'en couperai qu'un morceau...

BELORMEAU.

Le superflu... ça me va... Du moment qu'il me restera le nécessaire... ça me va... (Ninita le fait asseoir au milieu du théâtre sur une chaise, et lui passe une serviette au cou.) Je vas ressembler à Bressant, maintenant!...

NINITA.

Ne bougez pas. (Elle lui coupe le nez.)

BELORMEAU.

Oh! assez!... assez!... grâce! grâce pour mon nez!... Recollez-le, je vous en prie!

NINITA.

Allons... je le veux bien! (Elle lui recolle le nez.) Tient-il?

BELORMEAU.

Oui... je vous remercie!... ah! je respire!

NINITA.

Mesdames, ce tour terminera ma représentation... trop heureuse si j'ai eu le bonheur de vous plaire!...Ah! j'oubliais...Il y a beaucoup de messieurs qui m'écrivent des lettres... ça flatte mon petit amour-propre... mais c'est inutile, je suis une femme comme il faut... je suis dans ma famille. (Elle salue et sort.)

ACTE TROISIÈME

Un Cabinet chez Véfour.

SCÈNE PREMIÈRE.

DELORMEAU, DEUX GARÇONS. (Une table d'une dizaine de couverts est dressée ; un garçon achève de tout disposer ; un deuxième garçon est étendu dans un fauteuil et lit le FIGARO. — Au lever du rideau, on entend des rires à l'étage supérieur.)

PREMIER GARÇON.

S'en donnent-ils, hein?... s'en donnent-ils? ils sont au moins soixante !

DEUXIÈME GARÇON.

C'est le fameux dîner offert aux gens d'esprit par le *Figaro* !

PREMIER GARÇON, riant.

Une drôle d'idée, tout de même, ce *Figaro* !... Voilà un journal farceur !

DEUXIÈME GARÇON.

Il y a plus d'esprit là-haut qu'il n'y en aura ici tout à l'heure, va !

PREMIER GARÇON.

Ah! oui, ce pique-nique des épiciers de Paris... C'est humiliant de servir ces gens-là !

BELORMEAU, entrant, une carte à la main.

C'est bien ici... (Lisant.) « Figaro prie M. Belormeau de vouloir » bien assister au dîner institué pour l'amélioration de l'esprit » français. » Quelle *chince* !... je vas manger avec des chroni-queurs ! « *Nota bene* : Prix de l'écot : 10 francs... On est tenu » de fournir un bon mot. » Ça, c'est embêtant, parce qu'il y a des fois que ça ne vient pas... Il est vrai qu'à la porte, je viens de voir une espèce de marchand de contre-marques qui vend des bons mots... j'ai même voulu lui acheter une plaisanterie en latin, mais elle est retenue par un journaliste du grand format... (Lisant.) « Les suppléments se payent à part : demi-siphon d'eau de Seltz, » un calembour... douzaine d'Ostende, une nouvelle à la main. »

Je me payerai un demi-siphon. (Au garçon.) Ces messieurs ne sont pas encore arrivés?

PREMIER GARÇON.

Pas encore.

BELORMEAU.

Sapristi!... Alors, j'ai le temps de prendre un verre d'absinthe?

PREMIER GARÇON, prenant une bouteille et un verre.

Certainement! voilà! monsieur, voilà! voilà!

BELORMEAU.

Absinthe et *cuirasseau*... ça me donnera des idées...

PREMIER GARÇON.

Si monsieur veut prendre la peine de passer dans ce petit salon...

BELORMEAU.

Mon Dieu! je vas donc contribuer à améliorer l'esprit français! (Il entre à gauche. — Cris dans la coulisse.)

PREMIER GARÇON, suivant Belormeau.

Ah! v'là les épiciers. (Il sort.)

SCÈNE II.

PIQUOISEAU, BONIVET, Autres Épiciers, arrivant bras dessus, bras dessous, en dansant.

CHOEUR.

Air:

Viv' les épiciers droguistes } *bis.*
Pour êtr' de bons farceurs! }
N'y a pas que les vaud'villistes,
N'y a pas que les chroniqueurs!
Tra la la...

PIQUOISEAU.

Oui, mes amis, aujourd'hui, premier dîner trimestriel des épiciers de Paris; dix francs par tête.

TOUS.

Une crâne idée!

PIQUOISEAU, triomphant.

C'est moi qui l'ai eue... moi, le directeur-fondateur du *Journal de l'Épicerie nationale*... Ah çà! dites-donc, Bonivet, est-ce que votre gendre ne va pas venir?

BONIVET.

Si! si!...

BELORMEAU, rentrant.

Les voilà! O Jupiter! ce sont eux!

TOUS.

Un étranger!

BELORMEAU, avec émotion.

Pardon, messieurs... Le directeur du journal, s'il vous plaît?

PIQUOISEAU.

C'est moi.

BELORMEAU.

Vous! (A part.) Ah! qu'il a donc l'air malin, mon Dieu! qu'il a donc l'air malin! (Haut.) Eh bien! je vous croyais plus corporé... Monsieur, vous m'êtes très-sympathique. (Il lui serre la main.) Voici mes dix francs.

PIQUOISEAU, à part.

C'est un confrère! (A Bonivet.) Ah çà! où est donc le gendre?

BELORMEAU, à part.

Legendre!...

CAMUSOT, entrant.

Me voilà! me voilà!

PIQUOISEAU.

Ah! vous êtes en retard, mon petit père!

DELORMEAU.

Le petit père Legendre!.... Comment, monsieur, vous êtes Legendre?

CAMUSOT.

Mais oui!...

BELORMEAU.

Ah! qu'il a l'air malin! (Lui serrant la main.) Monsieur, vous m'êtes très-sympathique! (A part.) Je suis en plein *Figaro!*

PIQUOISEAU.

A table! à table!

TOUS.

C'est ça!... à table!

CHŒUR.

Air :

Vive la table!
Il faut, ici,
Que chacun sable
Bourgogne, aï!

BELORMEAU.

Messieurs, les *kiosques* sont-ils défendus?

TOUS, avec force.

Non ! non !...

BELORMEAU.

Eh bien! messieurs, je porte un *kiosque* à votre journal!

TOUS, trinquant.

Oui!... oui... bravo!

PIQUOISEAU.

Je prépare un bon article, allez... sur les épiciers des départements.

BELORMEAU.

Sur les épiciers... c'est ça!... faut les blaguer!... faut les blaguer!

PIQUOISEAU.

Voyons, mes enfants, soyons très-spirituels, hein?

TOUS.

Oui! oui!

BELORMEAU.

C'est ça!... améliorons l'esprit français! ouvrons le tournoi de l'esprit indigène!

PIQUOISEAU.

Bonivet, sais-tu la différence qu'il y a entre la nuit et le *Fils de la nuit?*

BONIVET.

Non.

TOUS, avec intérêt.

Ah!...

PIQUOISEAU.

Eh bien! c'est que la nuit porte conseil... et le *Fils de la nuit* Porte-Saint-Martin!

TOUS, applaudissant.

Bravo!...

BELORMEAU.

Admirable! (Il se lève, sa serviette au cou, et va serrer Piquoiseau dans ses bras. —Allant reprendre sa place.) Chaud! chaud! les enfants!... Améliorons! améliorons!

PIQUOISEAU, que son succès enivre.

Bonivet, sais-tu la différence...

BELORMEAU.

Non!:.. non!... chacun le sien!... Voyons, Legendre, dites-nous quelque chose de drôle.

CAMUSOT.

Moi!...

BELORMEAU.

Allez-y... tournez voir le robinet de votre gaieté.

CAMUSOT, se levant.

Quels sont les gens que préfère M. Alexandre Dumas?

PIQUOISEAU.

Ce sont les *jambons*. (On rit.)

CAMUSOT.

Eh non! ce sont les verriers.

PIQUOISEAU.

Pourquoi?

CAMUSOT.

Parce qu'ils crient toujours à leurs commis : *Montez cristaux.*

TOUS.

Charmant!...

BELORMEAU.

Admirable! (Il va serrer Camusot dans ses bras. —Allant reprendre sa place.)
Améliorons!... améliorons!

PIQUOISEAU.

Eh ben! et vous?

BELORMEAU.

Moi!... Savez-vous la différence qu'il y a entre un chameau et
une asperge?

TOUS, avec le plus vif intérêt.

Non!...

BELORMEAU.

Eh bien! je vas vous la dire, moi, la différence : c'est qu'une
asperge ne mange pas de chameau, tandis qu'à la rigueur un chameau peut manger des asperges. (Il pouffe de rire.)

TOUS.

Bravo! bravo!

BELORMEAU.

Que j'améliore donc l'esprit français, mon Dieu!...

TOUS.

A votre santé!...

BELORMEAU.

Mes enfants, je bois à vos sultanes!... hi! hi! hi!

CHOEUR, *reprise.*

Vive la table!... etc.

SCÈNE III.

Les Mêmes, LA COMÈTE.

BELORMEAU, à la Comète qui entre.

Ah ! vous voilà !...

LA COMÈTE.

Eh bien ! que fais-tu ici ?

BELORMEAU.

Je ris comme un homme contrefait ! hi ! hi ! hi !... J'assiste au dîner des gens d'esprit.

LA COMÈTE.

Le dîner du *Figaro* !... mais, non !... c'est au-dessus !

BELORMEAU.

Allons donc ! Mais, alors, si vous n'êtes pas des gens d'esprit, vous êtes des fichues bêtes !...

TOUS.

Monsieur !...

BELORMEAU.

C'est le dîner des imbéciles !...

TOUS, avec menace.

Hein !...

LA COMÈTE.

C'est le pique-nique de messieurs les épiciers.

BELORMEAU.

Des épiciers !... (A **Piquoiseau.**) Rendez-moi mes dix francs !... (L'étreignant.) Voulez-vous me rendre mes dix francs, tout de suite, vieux filou !... Je vais les flanquer tous par la fenêtre.

TOUS, avec crainte.

Hein !...

PIQUOISEAU.

C'est une indignité !... courons nous plaindre à M. Véfour.

BELORMEAU.

Ce n'est plus lui... il a vendu.

PIQUOISEAU.

Venez, mes amis, venez...

CHOEUR.

Air :

La colère
M'exaspère,
Oser nous traiter ainsi !

Patience,
Mais, vengeance,
Bientôt, vous serez puni !
(Ils sortent en menaçant Belormeau. Les garçons ont emporté la table.)

BELORMEAU.

Je me gausse de vous, épiciers !... (Agitant son mouchoir pour changer l'air.) Ah !... il y a un revenez-y de castonnade ici !... Comment ! le dîner des gens d'esprit est là-haut ?

LA COMÈTE.

En ce moment, ils sont au dessert. (Cris à l'étage au-dessus.) Ils fraternisent !

BELORMEAU.

Ils fraternisent ?... bah !

LA COMÈTE.

Air du Bouffe.

L'idée est parfaite, il me semble,
Car, ceux que Figaro rassemble,
Ennemis, hier, vont, demain,
Franchement se donner la main.
Au dessert, les feuilletonistes
Embrassent les vaudevillistes.

BELORMEAU.

Ils les embrass'nt le mercredi...
Dieux ! vont-ils s'rattraper l'lundi !.

Ah ! à propos de vaudevillistes, je voudrais voir les succès dramatiques de l'année ?

LA COMÈTE.

Rien de plus facile. (Changement.)

BELORMEAU.

Ah ! le beau jardin ! la belle nature !

CINQUIÈME TABLEAU

Le théâtre représente un jardin. — (Musique à l'orchestre mêlée du tintement des cloches. Margot paraît au fond. — Elle porte le costume de Mme Carvalho au 1er acte.—Petits sabots, bonnet de coton sur l'oreille.

—

SCÈNE IV.

LES MÊMES, MARGOT.

BELORMEAU.

Quelle est cette villageoise?

LA COMÈTE.

Margot, du Théâtre-Lyrique.

MARGOT, entrant, une tartine à la main.

Ohé! Colin! ohé!

BELORMEAU.

Par saint Georges!... qu'elle est belle!... J'aime le costume qu'a Margot.

MARGOT.

Vous n'avez pas vu mon petit Colin?...

BELORMEAU.

Votre petit Colin?... non, mademoiselle... Qu'est-ce que c'est que votre petit Colin?

MARGOT, lui donnant un grand coup de poing.

C'est m'n amoureux... (Elle mange.)

BELORMEAU, faisant le paysan.

Votre fiancé, quoi!... sti-là qui devont vous épouser... (Il lui donne un coup de poing.) Je m'encanaille!...

MARGOT.

M'épouser!... (Pleurant.) Hi! hi! hi!... j'pouvons plus à c't'heure... il n'voudrait plus de moi.

LA COMÈTE.

Vraiment!...

MARGOT.

Quand vous le verrez, vous lui donnerez c'te bague.... Il saura ce que ça veut dire... il comprendra, lui... (Elle la porte à ses lèvres, et la tend à Belormeau, avec émotion.)

BELORMEAU.

Ça vaut dans les prix de trois *cinquinte*.

MARGOT.

Adieu!... adieu!...

BELORMEAU.

Mademoiselle Margot... où courez-vous?...

MARGOT.

Je vais me jeter la tête la première dans la mare aux canards...

BELORMEAU.

Mais pourquoi cette natation de mauvais goût?...

MARGOT.

Ah! si vous saviez mon histoire...

Air nouveau de Mangeant.

J'habite un amour de village,
Ous que Colin est près de moi,

Mais d' la ferme où j' suis en ouvrage,
On me chasse....

LA COMÈTE.

Pourquoi ?

BELORMEAU.

Pourquoi ?

MARGOT, *exécutant des difficultés musicales.*

Ah ! ah ! ah ! ah ! ah !
Ah ! ah ! ah ! ah ! ah !
Tra la la la la..
Ah ! ah !
Mais je retrouve mon parrain.

BELORMEAU, LA COMÈTE.

Vous retrouvez votre parain ?

MARGOT.

Et pour que j'épouse Colin
Il me donne une forte somme.

BELORMEAU, LA COMÈTE.

Ah ! quel brave homme!.

MARGOT.

Mais au même instant on m'apprend
Qu'il est ruiné complétement ;
Et chez lui, pour rendre l'argent,
J'entre pendant qu'il fait un somme.

(baissant les yeux.)

C'est un bel homme.

BELORMEAU.

C'est un bel homme.

MARGOT.

Et comme il m' fait un p'tit doigt d' cour,
On croit que chez lui je viens pour...

BELORMEAU, LA COMÈTE.

Achevez!.. chez lui pour....

MARGOT.

Pour... pour... pour...

(Reprenant ses roulades.)

Ah ! ah ! ah ! ah !
Ah ! ah ! ah ! ah !
Tra la la...

BELORMEAU, *se livrant aussi à des difficultés.*

Ah ! ah ! ah !

Youp la la... youp la la...
Je ne comprends rien à cela..
MARGOT.
Et mon histoire, la voilà !..

BELORMEAU.
Eh bien !... je n'y ai rien compris !..
MARGOT.
C'est bien simple, pourtant... Je suis compromise par mon parrain.
BELORMEAU.
Ah ! bon... Il est donc joli garçon votre parrain ?
MARGOT.
Oh ! oui... c'est un enjôleux...
BELORMEAU.
Comme ça dans votre endroit, il est heureux en amour.
MARGOT.
Oh! oui! Tenez !.. le voilà...

(L'orchestre exécute la ritournelle bruyamment. — Entre Joconde avec une coiffure orange, une toque à plumes et une fraise.)

SCÈNE VI.

Les Mêmes, JOCONDE.

AIR.

J'ai longtemps parcouru le monde,
Et l'on m'a vu de toutes parts...

BELORMEAU.
Ah çà ! mais, c'est Joconde... le fameux coureur...
JOCONDE.
D'aventures... ne nous y trompons pas... Oui, mon bibi... sans me flatter, j'ai eu pas mal de conquêtes...
LA COMÈTE.
Ça ne m'étonne pas... avec un physique comme le vôtre...
JOCONDE.
De l'œil, du cheveu, de la dent... Et avec ça que j'ai la faveur du comte Robert... Que viens-tu faire ici, petite Margot?
MARGOT.
J'attends Colin...
JOCONDE.
Attendre !... Moi aussi j'ai posé pour les petites dames... C'est ça qu'est embêtant !

AIR.

Quand on attend sa belle,
Que l'attente est cruelle !

BELORMEAU.

Aussi, qu'il sera doux
L'instant du rendez-vous.

JOCONDE.

Voyons, ma petite Margot... quitte ton boulevard du Temple...
Reviens avec nous à l'Opéra-Comique...

MARGOT.

A l'Opéra-Comique... moi!... allons donc!...

AIR : *de Margot, 3ᵉ acte.*

N' fallait donc pas laisser partir
La p'tit' Margot que l'on regrette ;
Le boul'vart s'est hâté d'offrir
Une autre cage à la fauvette.
Si chaq' soir le public, content,
Vous recevait comm' moi... vraiment,
P't'être ben qu' vous en feriez autant (*ter.*)

JOCONDE. (Parlé.)

Vous êtes une ingrate, Margot !

MARGOT.

Moi, une ingrate!...

AIR :

Margot, Margot,
Malgré son sabot,
   Reine
  Et souveraine,
Là-bas a conquis
Loges, paradis;
Et gants blancs ou titis,
Ell' n'a que des amis.

On m'aime, l'on m'écoute,
On accourt à ma voix,
Heureuse, quand j'ajoute
A mes nouveaux amis mes amis d'autrefois.
Place à Margot!

Margot, Margot,
Fiér' de son sabot,

Reine
Et souveraine,
Puisqu'on l'adopta,
Là-bas restera,
Et l'on applaudira
Tant qu'elle chantera!..

(Elle sort suivie de JOCONDE *qui crie :)*

Écoute-moi donc, j'ai la faveur du comte Robert!

(Une grande affiche sort de terre avec ces mots :)

2,298ᵉ REPRÉSENTATION

LES

CHEVALIERS DU BROUILLARD

BELORMEAU.

Bigre!.. 2,298ᵉ représentation. — Voilà une pièce qui doit être bien jolie. (On entend le bruit d'un soufflet.) Un soufflet!... voilà un rude soufflet!

JACK SHEPPARD, entrant.

C'est le dernier que j'aurai reçu, madame Wood! Ah! ça m'ennuie de travailler. Toujours raboter!... quelle scie... Ah! je voudrais être voleur!...

BELORMEAU.

Quel joli caractère!..

MISTRESS SHEPPARD, entrant.

Jack!.. mon fils!.. mon enfant...

JACK, se jetant dans ses bras.

Ma mère!...

MISTRESS SHEPPARD.

Tu aimes ta mère, n'est-ce pas? Ton père était une canaille, un filou... mais toi, tu ne marcheras pas sur le cœur de ta mère, n'est-ce pas?... Il a été pendu ton père... Tiens! voilà un morceau de sa corde... ça te portera bonheur. (Elle lui donne un énorme paquet de cordes.)

JACK.

Merci, ma mère, merci.

MISTRESS SHEPPARD, avec égarement.

Tyburn!.. Tyburn!.. la destinée.

JACK.

Ah! je sauverai l'Angleterre!.. (Ils sortent chacun de son côté.)

4

BELORMEAU, se levant.

C'est plein d'intérêt... Et puis comme c'est écrit... « Tu ne marcheras pas sur le cœur de ta mère. » C'est un *verse*...

MISTRESS SHEPPARD, rentrant.

Mon fils est une canaille, un filou... Il a marché sur le cœur de sa mère.

BELORMEAU.

Ravissant! ravissant!... c'est d'un délicat!

JACK SHEPPARD, rentrant, à part.

Ma mère!...

MISTRESS SHEPPARD.

Mon enfant!... viens.. ne vole plus.. car c'est indélicat... vois-tu!.. viens raboter près de ta mère...

JACK, à part.

Il faut que je reste... pour sauver l'Angleterre. A boire!.. Je veux boire!.. (Il boit. Feignant l'ivresse.) Bonjour, ma chère madame Wood... ça va bien, madame Wood... pas mal, merci... (Il trébuche.)

MISTRESS SHEPPARD.

Ah! je savais bien que vous étiez le démon de sa vie!... Mais quels sont donc vos desseins?.. Que vous ai-je fait?.. Que vous a-t-il fait, cet enfant?.. Mon fils, mon fils bien aimé, reviens à toi, tu n'es pas coupable!... Non! c'est le gin qui a tout fait!.. Le gin sombre et fatal! le gin, père de la misère! le gin, frère de la mort!.. le gin, cousin des galères... le gin! le gin! le gin!..

BELORMEAU.

Allons, madame Gin, remettez-vous!

JACK, s'élançant.

Ah! (éclatant de rire.) Ah! ah! ah! ah! il a embrassé madame Wood!!

MISTRESS SHEPPARD.

On insulte ta mère!..

JACK.

Il a insulté madame Wood!

MISTRESS SHEPPARD, repoussant Belormeau qui tombe par terre.

Ah! mon fils est pochard... Tu n'es qu'une canaille et un filou... Tu seras pendu comme ton père... Tyburn! Tyburn! La destinée!.. (elle sort.)

BELORMEAU.

Nous avons donc décidément notre petit cheveu...

JACK, le menaçant d'un pistolet.

Que je meure à Tyburn, comme mon père, si je ne te fais pas faire connaissance avec ce petit flageolet!

BELORMEAU.

De quoi?

JACK.

Tu as insulté ma mère... Depuis cinq minutes, tu marches sur mon cœur... Mais tu ne m'empêcheras pas de sauver l'Angleterre.

BELORMEAU.

Ah! sauve le diable, si tu veux!...

JACK, le couchant en joue avec un pistolet

Tu vas mourir!...

BELORMEAU.

Ah! pas de cascades, hé! là-bas!

JACK, lui montrant une trappe.

Ouvre cette trappe... et entre là-dedans.

BELORMEAU.

Mais non!... je ne peux pas...

JACK, le menaçant de son pistolet.

Pas de manières!... tu es solide... ouvre cette trappe!... Entre là, Jonathan Wild... descends, ou je te tue!...

BELORMEAU, descendant dans la trappe.

Mais, non... je suis Belormeau... compère de revue... si je m'en vais, n'y a plus de revue... Ah! mais il est embêtant, ce petit-là. (Il disparaît.)

JACK, fermant la trappe.

Là!... dans le troisième dessous!... Et maintenant, sauvons Tamise, sauvons ma mère, sauvons l'Angleterre... sauvons-nous... A la vieille monnaie... à la vieille monnaie! (Il sort en courant.)

LA VOIX DE BELORMEAU, dans la trappe.

Hé! là-haut! pas de blague... cordon... s'il vous plaît?...

MISTRESS SHEPPARD, rentrant.

Mon fils est une canaille, un filou... il a marché sur le cœur de sa mère... aussi je suis folle... j'ai mon petit hanneton! (Elle chante et danse.) Tra la la la... (Sanglotant tout à coup.) Gin! gin... J'ai une folie cocasse... ça me quitte, et puis ça me reprend... Mon fils!...

JACK.

Ma mère!...

LA VOIX DE BELORMEAU, dans la trappe.

Hé! là-haut... (Il cogne.)

MISTRESS SHEPPARD.

Entends-tu... ça. Tu es perdu... il faut, pour te sauver... Ah! je ne sais plus... je redeviens folle... (Se remettant à danser.) Tra la la la la... (Sanglotant.) Gin! gin!...

JACK.

Grands dieux! elle a perdu la boule!...

MISTRESS SHEPPARD.

Oui, je suis folle... non! je ne le suis plus!... Ça me quitte à volonté pour les besoins de l'ouvrage...

JACK.

Ma mère...

MISTRESS SHEPPARD.

Mais je veux la raison... Tiens, viens, fais comme moi! (Elle s'agenouille. Jack s'agenouille aussi.) Grand Mahomet!... vous qui avez permis aux *Fausses bonnes Femmes* de retourner au théâtre du Vaudeville, rue des Filles-Saint-Thomas, numéro onze... lorsqu'elles auraient pu être jouées au Gymnase, boulevard Bonne-Nouvelle, numéro vingt-quatre, vous n'abandonnerez pas une malheureuse mère. Une lueur de raison... mon Dieu!... rien qu'une lueur, et j'irai voir tous les soir *les Fausses bonnes Femmes*, j'irai voir *Clairon et Clairette*... j'irai voir *Jocrisse millionnaire*...

JACK.

Tu en mourrais, ma mère!... et je ne veux pas que tu meures!

MISTRESS SHEPPARD.

Ni moi non plus, je ne veux pas que tu meures! (Ils s'embrassent.)

BELORMEAU, dans la trappe.

Hé! là-haut!

MISTRESS SHEPPARD.

Ah! la raison m'est revenue... Cours au bord de l'eau... une échelle t'attendra dans la rivière... et, si ça ne te suffit pas... (lui montrant une couverture qu'elle a apportée) tiens, cette couverture... A l'œuvre, mon fils!

JACK.

A l'œuvre, ma mère! (Ils déchirent a couverture et s'embrassent chaque fois.)

MISTRESS SHEPPARD.

Et si ce n'est pas assez long?...

JACK.

J'en ai le trac! (Ils s'embrassent.)

MISTRESS SHEPPARD.

Et, si ce n'est pas assez long?...

JACK.

Je m'en ferai des bretelles! (Ils s'embrassent. Une grande échelle paraît au fond.) Ah! cette échelle!... la voilà! (Il grimpe jusqu'en haut.)

Le cœur d'une mère doit suivre son fils partout... allons-y!
(Elle grimpe.)

BELORMEAU, sortant de la trappe.

Pristi! la vilaine famille!... Ah! il me filoute mon chapeau!...
Au voleur! au voleur!... (Il grimpe. L'échelle glisse et rentre dans la coulisse, emportant les trois personnages.)

SCÈNE VII.

BELORMEAU, LA COMÈTE, DEUX CLOWNS.

BOSWELL entre en faisant la plume et en baragouinant l'anglais.

BELORMEAU.

Tiens! un singe!...

LA COMÈTE.

Mais non!... c'est le fameux clówn du Cirque.

BOSWELL, après l'exercice de la plume.

Wheal... come here... if you please. (Wheal entre en faisant la roue.)

BELORMEAU.

Encore un singe!

LA COMÈTE.

Mais non!... encore un clown.

BOSWELL se moque de Wheal, qui, fâché, lui donne un coup de pied.

Oh! vo avoir faisez mal à moa!... Je donnais à vous une calotte!
(Il donne un soufflet à Wheal.)

BELORMEAU.

Comme ils sont aimables!

WHEAL, furieux.

Je volais boxer vo!

BOSWELL.

Oh! yès... boxer!... I will boxer! (Ils boxent.)

LA COMÈTE.

Mais ils vont se faire mal!

BELORMEAU.

Il n'y a donc pas d'écuyers ici?... Ohé! les écuyers!... (Les écuyers entrent et s'interposent.)

PREMIER ÉCUYER.

Qu'est-ce que c'est?... Je vous défends de boxer!

WHEAL.

Le pistolet!

BOSWELL.

No... no... pas le pistolet.

PREMIER ÉCUYER.

Voici des bâtons.

BOSWELL.

Give me e bâton... (Les écuyers leur bandent les yeux.)

WHEAL, suppliant l'écuyer de ne pas le faire.

Nô... nô!

BOSWELL, même jeu.

Oh! nô!... je regarderai pas. (Les écuyers les placent à dos.)

BELORMEAU.

Attendez... je vais donner le signal... One... two... three... (Il frappe dans ses mains... Au troisième coup, Boswell se retourne... Wheal se baisse, et Boswell frappe dans le vide avec son bâton. Il se retourne, et Wheal le frappe sur le dos.)

BOSWELL.

Oh! vo tapez trop fort!

WHEAL.

Nô... nô... je tapais pas trop fort! (Les écuyers les replacent dos à dos.)

PREMIER ÉCUYER.

Trois pas en avant! (Ils font trois pas.)

BOSWELL, se retournant.

Où êtes-vô?

WHEAL.

Ici! (Il baisse son bandeau, Boswell marche sur lui en brandissant son bâton, Wheal passe entre ses jambes, le fait tomber et lui donne un coup de bâton.)

BOSWELL.

Vô tapez toujours trop fort!... Où étiez-vô?

WHEAL.

Ici!... (Boswell marche sur lui. Wheal s'étend par terre, le fait tomber et lui donne un troisième coup.)

BOSWELL, jetant son bâton.

Oh! je volais plus du tout jouer! (Otant son bandeau.) Oh! vô regardez... vô regardez!

WHEAL.

Nô... je regardais pas!

BOSWELL.

Vô avez regardé!... (Les écuyers leur rendent leurs bâtons, Boswell et Wheal les chassent avec.)

BELORMEAU.

Comme ils se ressemblent!... on dirait les deux frères Lionnel!

BOSWELL, après la fuite des écuyers.

Come here, my dogg! (Les chiens entrent.)

BELORMEAU.

Tiens! un caniche!... un re...caniche! (Exercice des chiens.)

BELORMEAU, après leur sortie.

Oh! très-bien!... very well... je veux-t-être clown, moi aussi!... Apprenez-moi un tour... hé! sans façon...

BOSWELL.

Oh ! yès... The wolf.

WHEAL.

Oh' yès... le jeu du loup.

BELORMEAU.

Le jeu du loup... ça me va !

LES DEUX CLOWNS.

One... two... three... (On montre le jeu du loup à Belormeau.— Avalanche
de soufflets. — Les deux clowns se sauvent.)

SCÈNE VIII.

ROSE BERNARD, LE JOUEUR D'ORGUE, LA COMÈTE,
BELORMEAU.

BELORMEAU.

Ah ! ils sont très-gais... très-amusants... wery well... good...
good... very good !... (Entre Rose Bernard.) Une femme éplorée !

ROSE BERNARD, un enfant dans ses bras.

Ah ! monsieur, je suis bien malheureuse !

BELORMEAU.

Tiens ! je vous reconnais !... vous êtes la dame au camélia ?

LA COMÈTE.

Mais non !... c'est *Rose Bernard*, de l'Ambigu.

BELORMEAU.

C'est singulier comme elles se ressemblent !

ROSE BERNARD.

J'ai été séduite... voilà mon enfant !... Il a faim... il a soif...
et je n'ai plus rien à lui donner.

BELORMEAU.

Quoi ! pas le moindre biberon ?... Rassurez-vous, madame, je
lui en servirai !

ROSE BERNARD.

Sauvé ! mon Dieu ! sauvé !...

BELORMEAU, prenant l'enfant et le faisant sauter.

Il est gentil !... faisons la risette à papa ! Une petite risette !
(Pendant qu'il joue avec l'enfant, Rose disparaît.) Eh bien !... elle est par-
tie !... Elle me le laisse... c'est très-gênant !

LA COMÈTE.

Elle va revenir, sans doute. (On entend un orgue.) C'est le *joueur
d'orgue* du *Fou par amour* de la Gaieté...

BELORMEAU.

Tiens ! ça va amuser le petit ! appelez-le.

LA COMÈTE.

Hé ! l'homme !

POIRIER, paraissant.

Quoi qu'on me veut ?

BELORMEAU.

Oùs qu'est votre orgue?

POIRIER.

Mon orgue? Elle est sur ses quatre roues... sous la garde de la Pâlotte.

LA COMÈTE.

La Pâlotte!

POIRIER.

C'est le petit nom que j'ai donné à ma légitime.

BELORMEAU.

Ah! j'aime ça! La Pâlotte! on voit tout de suite quelque chose de vaporeux!

POIRIER.

Voulez-vous la voir?... Arrive ici, la Pâlotte! (Entre la Pâlotte, traînant l'orgue. — Un vif incarnat colore ses joues.)

BELORMEAU.

Ah!... alors, c'te rougeaude-là, c'est la Pâlotte?

POIRIER.

Faut pas la juger dans ce moment ici, parce qu'elle a le sang à la tête... Je l'ai épousée par amour... V'là pus de quinze jours qu'elle n'a pas mangé.

LA COMÈTE.

Pauvre femme!

BELORMEAU.

C'est une affaire d'habitude... Il y a des serpents qui sont six mois sans manger... et ils changent de peau.

POIRIER.

Ah!... elle n'en est pas là... C'est une vraie peau de satin... Je l'aime bien, pas vrai, la Pâlotte? Embrasse ton petit homme.

BELORMEAU.

Comme ils s'aiment, ces êtres-là! (Devenant rêveur.) Allons! il y a encore de beaux jours pour la France...

POIRIER.

Qu'est-ce que monsieur veut qu'en lui joue... l'air du *Bijou perdu?*... On va vous la moudre...

BELORMEAU.

Non, ce n'est pas ça que je veux.

POIRIER.

Allons, la Pâlotte... air du *Zouave prisonnier en Sibérie.*

« Garde bien l'espérance
« Aussi le souvenir
« Tu reverras la France
« Ta prison va finir..

BELORMEAU, regardant l'enfant.

Il a souri... Je m'y attache à ce petit... Voulez-vous m'en débarrasser?

POIRIER.

C'est quinze mille francs.

BELORMEAU.

Oh! non! Deux sous, si vous voulez...

POIRIER.

En v'là un grand cocodès... Je n'en fais pas pour deux sous... mettez-en dix.

BELORMEAU, fouillant dans sa poche.

Faut pas être regardant... faut pas être regardant. Voilà votre argent.

LA PALOTTE, avec une convoitise mal déguisée.

Et ma part?

POIRIER.

Ta part! oh! là là!... nous sommes mariés sous le régime dotal. (Il met l'argent dans sa poche.)

LA PALOTTE.

Ah! je suis trop malheureuse! (Elle sort avec l'orgue.)

BELORMEAU.

Vous l'avez froissée!

POIRIER.

C'est la première fois qu'elle se rebiffe!... Elle a peut-être froid aux pieds!... Je l'aime bien tout de même, la Pàlotte! (Entre un facteur. Musique de drame. Le facteur, sans dire un mot, remet une lettre à Poirier, tire son mouchoir en pleurant, et sort.)

POIRIER.

Quoi donc qu'il a, ce postillon de Lonjumeau?.. Tiens! l'écriture de la Pàlotte!

BELORMEAU.

Elle a une jolie main.

POIRIER, lisant.

« Nous étions trop malheureux, le petit, l'orgue et moi... tu » n'entendras plus parler de nous!... Nous nous retirons à Pic- » pus... » (Pleurant.) A Picpus!... il y avait longtemps que ça la démangeait.

BELORMEAU.

Les femmes sont ingrates!...

POIRIER.

Mais alors, je suis seul au monde!... (A la Comète.) Voulez-vous venir avec moi?

LA COMÈTE.

Non, non!

POIRIER.

Ah! je veux qu'on me tue... v'là que je n'ai plus de femme, à

c't'heure... Une femme qui avait une si belle peau... Ah ! je veux
qu'on me tue!... (Il sort dans ce paroxysme du désespoir.)

SCÈNE IX.

LE QUADRILLE POLONAIS ET QUATRE LANCIERS.

(Les quatre Polonaises entrent en poursuivant les Lanciers.)

ENSEMBLE.

AIR.

LES POLONAISES.

Filez de ce pas,
Voyons, plus d'embarras,
Car nous vous remplaçons,
D'ici nous vous chassons.
Vous fûtes jadis
Les amours de Paris,
Mais aujourd'hui
Vous en êtes l'ennui.
Oui.

LES LANCIERS.

Grands Dieux ! quel tracas !
Quel affreux embarras !
Oui, mais nous resterons,
Ici nous régnerons ;
Nous fûmes jadis
Les amours de Paris,
Mais aujourd'hui
Nous en sommes l'ennui,
Oui ! ! !

BELORMEAU.
Qu'est-ce qu'il y a? qu'est-ce qu'il y a?

PREMIÈRE POLONAISE.
C'est le *quadrille des lanciers*.

DEUXIÈME POLONAISE.
Ils refusent de s'en aller.

TROISIÈME POLONAISE.
Un quadrille si vieux !

QUATRIÈME POLONAISE.
Si usé !

BELORMEAU, aux lanciers.
Le fait est que vous êtes bien dégommés...

PREMIER LANCIER.
Elles veulent que nous leur cédions la place.

DEUXIÈME LANCIER.

l a conversation polonaise! des intrigantes!

TROISIÈME LANCIER.

Qui veulent se faufiler dans le monde!

QUATRIÈME LANCIER.

Pour prendre nos places.

BELORMEAU.

Il y a un moyen bien simple d'arranger tout ça. Ces dames ont assez longtemps dansé les *Lanciers* avec vous... dansez la *Polonaise* avec elles!...

LES POLONAISES.

C'est cela!

LES LANCIERS.

Allons donc!

PREMIER LANCIER.

Nous, des lanciers!

BELORMEAU.

Eh bien, soyez des lanciers polonais.

LES LANCIERS.

C'est une idée!... pourtant...

BELORMEAU, leur serrant la main avec émotion.

Voyons, faites ça... je vous le demande au nom du grand Markouski...

LES LANCIERS.

Bah! nous acceptons!

LES POLONAISES.

Bravo!

BELORMEAU.

Alors, en place pour la *Polonaise !* (On danse la Polonaise — Deux dames entrent en costume national des paysans hongrois, dansant la Friska.)

CHAPOULOT, reparaissant au balcon, et jetant des bouquets sur la scène.

Bravo! bravi! brava! la friska... Mademoiselle Aline, ne vous trompez pas de bouquet... Il y a un billet dans le vôtre!...

BELORMEAU.

Vous voilà encore, vous!... Mais vous ne venez donc que pour nous troubler...

CHAPOULOT.

Comment, monsieur?...

BELORMEAU.

Vous empêchez notre dénoûment.

CHAPOULOT.

Ah! votre dénoûment!... avec ça que je ne le connais pas... vous allez vous placer tous sur le devant du théâtre, comme des imbéciles...

BELORMEAU.

Monsieur!...

CHAPOULOT.

Ce n'est pas pour ces dames que je dis ça...

BELORMEAU.

C'est pour les lanciers polonais...

CHAPOULOT.

Et puis vous allez nous chanter des petits couplets dans le genre de celui-ci. (Il chante.)

Chacun affiche aujourd'hui ce qu'il fait...
Mais d'afficher la manie est trop forte...
Si, quelque jour, ma femme m'affichait,
Comme à mon tour j' l'affich'rais à la porte !

BELORMEAU.

Il est mouche !...

CHAPOULOT.

Et puis, pour le baisser du rideau, vous allumerez des flammes du Bengale... que c'est une infection dans la salle.

BELORMEAU.

Pas du tout, monsieur, nous nous contentons d'être littéraires.

CHAPOULOT.

Laissez-moi donc tranquille...

TOUS.

A la porte !... à la porte !...

CHAPOULOT.

Du moment que vous m'en priez, je me tais... (Il s'assied.)

BELORMEAU, au public

" Pardon, messieurs ; allez, l'orchestre... l'air de M. Verdi... le fragment de *Rigoletto*...

AIR : *Ohé ! les p'tits agneaux !*

Pour nos faibles essais,
Un peu d'indulgence !
Montrez que notre belle France
Aim' les jolis couplets.
Chez nous, tous les jours,
Venez, messieurs, prendre vos aises...
De nos vaches Landaises
Faites vos amours.
Ohé ! les p'tits agneaux,
N'soyez pas sévères,
Ne cassez pas les verres,
e cassez pas les pots !

TOUS.

Ohé ! les p'tits agneaux, etc.

(*Le rideau baisse.*)

FIN.

Paris. — Typographie Morris et comp., rue Amelot, 64.